•••Títulos relacionados

FORMACIÓN COMPLEMENTARIA

OTROS TÍTULOS DISPONIBLES

Solicítalos en

• Librería

• www.paraninfo.es

• Solicitudes nacionales +34 914 463 350

• Solicitudes fuera de España +34 913 308 907

+34 913 308 919

Fomento y promoción del trabajo autónomo

FCO004

Enrique García Prado

2.ª edición

Paraninfo

Edición y maquetación: Ediciones Nobel, S. A.

Impresión: Liberdigital (Casarrubuelos, Madrid)
ISBN: 978-84-283-7278-7
Depósito legal: M-7432-2025

Impreso en España

Enrique García Prado, trabaja como docente en el ámbito de la formación ocupacional y continua. Licenciado en Derecho, ha cursado los estudios de Técnico Superior en Prevención de Riesgos Laborales, máster universitario en *E-learning* y Redes Sociales, másteres en Asesoría Fiscal, Experto Universitario Sociolaboral, Programa Avanzado en Dirección Empresarial, Gestión de la Organización Empresarial, Gerente de Pequeña y Mediana Empresa, Gestor Administrativo y Mediador de Seguros Titulado. Como autor, tiene publicados diversos manuales para certificados profesionales.

Para Lucía, por estar siempre impulsando y ayudando.

Índice

1. El espíritu emprendedor

1. EL ESPÍRITU EMPRENDEDOR (5 horas)

Como paso previo a la iniciación de una experiencia empresarial, es fundamental determinar si nuestra actitud y capacidad están en línea con lo que supone asumir el riesgo inherente a la apertura de una empresa o si, por el contrario, las mismas son más adecuadas para trabajar como empleado de una empresa u organización.

Obviamente, es muy importante que la persona que se plantea convertirse en emprendedor cuente con una actitud psicológica proclive a asumir riesgos empresariales, pero es igualmente básico considerar si se cuenta con los conocimientos técnicos adecuados para ir hacia delante con la idea de negocio.

1.1. IDEA DE CULTURA EMPRENDEDORA: NOCIONES Y ASPECTOS BÁSICOS

Los motivos para convertirse en emprendedor son muy variados y cada emprendedor tiene el suyo o bien una combinación de varios.

- Salir del desempleo: es evidente que encontrarse desempleado es un motivo importante para constituirse como empresario. Dada la dificultad de obtener un trabajo por cuenta ajena o, en caso de obtenerlo, la inestabilidad laboral que suponen la mayoría de los contratos o, en otras ocasiones, las precarias condiciones de trabajo que se ofertan, la idea de hacerse emprendedor adquiere mayor atractivo.

  No obstante, debe tenerse en cuenta que convertirse en empresario principalmente por huir de las listas del desempleo sin hacer el conjunto de reflexiones y estudios previos a que se hará referencia en esta unidad formativa es una actividad de muy alto riesgo, por cuanto, puede aumentar significativamente las posibilidades de fracaso empresarial. Esto haría al emprendedor tener que regresar a la situación anterior, con el agravamiento de encontrarse con unas deudas económicas a las que hacer frente.

- Para mejorar los ingresos presentes: no cabe duda de que, en términos generales, con una empresa propia que tenga éxito, se obtienen unos ingresos netos superiores a la media de los ingresos de los trabajadores por cuenta ajena. Ahora bien, recordemos lo anteriormente señalado sobre la habitual fragilidad económica de los primeros años de la vida de la empresa, el riesgo inherente a la creación de una actividad empresarial, así como el coste en términos de dedicación personal que ello implica. El emprendedor debe ponderar ambos puntos y obtener sus propias conclusiones.

- Como forma de autorrealización profesional: si una persona se siente limitada en su trabajo, si siente que el mismo no le aporta más allá de unos ingresos monetarios y no encuentra forma de realizarse en esa labor, emprender en el área que realmente le resulta motivadora es una razón poderosa. Es el momento de plantearse si se cuenta con los medios materiales y humanos para seguir adelante con el proyecto. Si es así, el entusiasmo con el que se contaría es una importante herramienta para el éxito.

- Para tener el control de la carrera profesional: como emprendedor, se es el propio jefe y esa circunstancia puede ser muy atrayente para personas que deseen la máxima autonomía en el trabajo o bien dispongan de malas experiencias en esta materia en la empresa en que actualmente se encuentran. La realidad es que esta libertad de la que ciertamente se dispone se ve limitada porque aparecen otros «jefes» que tal vez antes no se percibían con la misma claridad, por ejemplo, los clientes, la necesidad de financiación de la actividad, la competencia o la legislación aplicable al negocio. En todo caso, es una motivación que puede impulsar al empresario a aplicarse con la máxima dedicación a su proyecto.

1.2. EL PERFIL PSICOSOCIAL DE LA PERSONA EMPRENDEDORA

Se puede señalar que hay dos tipos fundamentales de conocimientos con los que debe contar el emprendedor. De un lado, los relativos al sector en que se espera emprender la iniciativa empresarial, y de otro, los generales de gestión empresarial.

Conocimientos profesionales

En algunos sectores se exige contar con una titulación específica para poder ejercer la actividad económica concreta (consultas de psicología, despachos de abogados, clínicas veterinarias, etc.). En estos casos, se supone que la persona que cuenta con dichos títulos conoce su profesión, si bien debe indicarse que el hecho de contar con el correspondiente título académico puede ser necesario, pero no suficiente para el eficaz ejercicio de la profesión. Es muy posible que sea preciso contar con una experiencia profesional que complemente la titulación académica exigida. Igualmente puede ser importante tener algún tipo de formación complementaria, más allá de la estrictamente requerida por la legislación aplicable. Sería el caso de un máster que profundice los conocimientos en una materia que se considere especialmente interesante, un ejemplo sería el de un curso de especialización en Derecho de familia si ese es el área profesional en el que desea centrar su actividad profesional un abogado que se inicia en la práctica legal.

Sin embargo, en la mayoría de los supuestos el emprendedor no se verá en la obligación de disponer de una titulación determinada para iniciar su actividad profesional, pero es obvio que el conocimiento de las habilidades técnicas necesarias se convierte en un elemento imprescindible para poder abordar con éxito su nueva actividad económica. Así, como ejemplo, no se exige ninguna acreditación profesional concreta para abrir una carnicería o una consultoría de comercio exterior, pero hacerlo sin contar con las destrezas precisas sería una muestra de temeridad empresarial.

El futuro emprendedor podrá adquirir dichas habilidades mediante formación o con una actividad laboral, pero es transcendental disponer de las destrezas necesarias y ser un profesional en la materia antes de iniciar la actividad empresarial.

En otro sentido, el emprendedor debe conocer la realidad del sector económico en que pretende iniciarse empresarialmente, es imprescindible tener presente la situación económica del sector, la forma en que se estructura, los competidores presentes, etc.

Conocimientos generales en materia de gestión empresarial

Contar con los conocimientos profesionales necesarios sobre la actividad que se va a desarrollar es muy importante, pero también lo es contar con unas ideas básicas acerca de materias tales como fiscalidad, contratación de trabajadores, formas jurídicas de la empresa, contabilidad, seguros, etc. Por supuesto, no es preciso que el emprendedor tenga los mismos conocimientos sobre esos temas que los correspondientes asesores profesionales en esas materias, pero sí debe plantearse conocer las líneas básicas de cada una de estas áreas que afecten a su futura aventura empresarial.

Imagen 1.1. Es importante que el emprendedor cuente con conocimientos en gestión de empresas.

Por otra parte, dedicar excesivo tiempo a la gestión de estas materias restaría al emprendedor las horas que debe emplear en el ejercicio de su profesión.

Existen numerosas opciones formativas en la actualidad, como cursos de creación de empresas o de formación de emprendedores en los que adquirir estos conocimientos de gestión. Lamentablemente, estos son minusvalorados por muchos emprendedores con el argumento de que ese es un tema del que se ocupan terceras personas que son las expertas en la materia. Debe considerarse que una actividad de emprendeduría, con independencia de cuál sea su objeto social, es primariamente una empresa, con una base de gestión común a las demás que debe ser conocida con un cierto rigor.

Red de contactos

Para un emprendedor, no es solamente importante su actividad individual, sino que, es importante, en la realidad actual, que se integre en organizaciones y redes de empresarios en las que hacer visible su presencia, tomar parte en las acciones que estas desarrollen, así como contribuir a la toma de decisiones que afecten al colectivo en su conjunto.

Constituirse en empresario implica el desafío de desarrollar un proyecto competitivo, que se sitúe adecuadamente en el mercado, que pueda crecer entre sus competidores y que, finalmente, suponga la consolidación de la actividad económica.

A la hora de desarrollar estrategias que contribuyan al éxito de la empresa, se requiere que los nuevos empresarios implementen una serie de actividades:

- Participar en las relaciones empresariales que se desarrollen en su ámbito de actuación, tanto territorial como sectorial. Dichas relaciones pueden efectuarse en ámbitos consolidados, como pueden ser las Cámaras de Comercio o las organizaciones empresariales, o bien en otros de creación más reciente y de una menor estructura formal, como pueden ser foros, asociaciones o grupos que aúnan los intereses de los empresarios que los componen. Con carácter general, las asociaciones representan intereses más cercanos a sus integrantes.

  La presencia activa de los empresarios en este tipo de organizaciones refuerza la capacidad de influencia socioeconómica de las mismas, en tanto en cuanto incrementarán su representatividad. Estos organismos, cuando adquieren la suficiente relevancia, pueden llegar a constituir grupos de presión con cierta influencia en la política económica que incide en mayor medida en el sector profesional concreto.

- La participación en las organizaciones de empresarios genera un flujo de información acerca de datos importantes dentro del sector económico o del área geográfica. Ello supone igualmente el conocimiento de personas que pueden colaborar con la empresa bien como clientes, colaboradores o fuentes de información acerca de la mejor forma de gestionar la empresa o de generar ideas de gestión derivadas de la experiencia con la que cuentan las demás personas implicadas y a las que se tiene acceso desde esa nueva área de actuación.

- La integración en estas organizaciones otorga visibilidad a la empresa, así como a los productos y servicios que la misma pone en el mercado. Ello permitirá encontrar soluciones que de forma individual no podrían hallar. Igualmente, en diversos casos, se podrá acceder a operaciones comerciales que requieren un determinado volumen, así, por ejemplo, realizar compras conjuntas, participar en negociaciones con las Administraciones públicas, desarrollar acciones comerciales en otros ámbitos geográficos, etc.

- El apoyo a la gestión puede plasmarse en aspectos tales como el acceso a determinadas líneas de financiación, la consecución de nuevas inversiones en las empresas del sector o el desarrollo de estrategias conjuntas de desarrollo empresarial.

El proceso de creación de una empresa cuenta con más posibilidades de éxito cuando la nueva entidad lleva a cabo un empleo muy activo de las redes sociales. Se asume como un hecho el de la importancia relevante de la adecuada gestión de la red de contactos como elemento que contribuye al éxito de la empresa. Mediante este sistema se consigue información a un coste claramente inferior. Del mismo modo, muchos costes de gestión se reducen, ya que los gastos pueden ser compartidos con otros emprendedores, siendo este un fenómeno que se puede observar en las encuestas realizadas a los nuevos emprendedores. De hecho, las nuevas tecnologías de la información a las que pueden acceder los empresarios adquieren una relevancia suplementaria cuando se emplean para trabajar en red con otros emprendedores y de ello surgen nuevas alternativas de gestión empresarial que aplicar en la nueva entidad creada.

La gestión de las redes de contactos, denominada generalmente *networking*, supone la generación de una serie de acciones que incrementan la cooperación entre empresarios y la creación de un capital de apoyo interempresarial. La gestión de las redes sociales se ha convertido en los últimos tiempos en uno de los aspectos de la gestión empresarial que más modificaciones han sufrido, al mismo paso que dichas redes han evolucionado tanto en su diseño como en sus funcionalidades. Más aún, al tener presente la aparición de redes sociales, cuya finalidad va mucho más allá de la mera conexión personal, ya que su centro de interés hace referencia a los contactos profesionales y las oportunidades tanto laborales como empresariales que se derivan de los mismos.

Es evidente que la red de contactos personales mantiene una gran relevancia pero, en la actualidad, las redes virtuales han alcanzado una trascendencia imposible de predecir hace pocos años.

Imagen 1.2. Una adecuada gestión de la red de contactos es una poderosa herramienta para impulsar un negocio.

Entre las formas que puede adoptar esta cooperación se encuentra la del asesoramiento de los emprendedores o la consecución de recursos económicos para el desarrollo de la iniciativa empresarial.

Algunas de las funciones que pueden llevar a cabo las redes sociales en el ámbito empresarial son las siguientes:

- *Crowdfunding* o financiación colectiva, consiste en obtener múltiples pequeñas donaciones para conseguir dinero u otro tipo de recursos para llevar a cabo la financiación de diversas iniciativas.

- *Cloud work:* una forma de colaboración laboral a través de la red, en la que se comparten recursos y capacidades entre los diversos integrantes de la misma.

- *Open innovation*: búsqueda de soluciones novedosas para enfrentar las necesidades de gestión que se presenten a los emprendedores.

- *Distributed knowledge:* compartición de conocimientos entre los miembros de la red, de modo que se crea una base de conocimientos y capacitación a disposición de los miembros de la red de emprendedores.

- Asesoramiento de emprendedores: bien por parte de otros emprendedores que ponen en común experiencias o de expertos en la materia que colaboran en diversos foros o proyectos de ayuda a empresarios. Dicho asesoramiento puede referirse a materias tales como la redacción de planes de empresa, los distintos modos de obtener financiación o el desarrollo de planes formativos.

- El desarrollo de ideas de negocio o la adaptación de las ya existentes, de forma que puedan desarrollarse iniciativas de colaboración para solucionar problemas o retos que puedan presentarse.

- Creación y uso en común de herramientas informáticas que colaboren a desarrollar una adecuada gestión de las empresas. Pueden referirse a materias tales como facturación, contabilidad o gestión de *stocks,* entre otras opciones.

1.2.1. Rasgos de personalidad (iniciativa, asunción de riesgos, decisión y confianza)

No son suficientes los conocimientos técnicos, también es preciso contar con una serie de destrezas personales a la hora de emprender un negocio. Si alguien desea ante todo la seguridad de contar con unos ingresos estables a fin de mes, la función de emprender no va con él. Igualmente, si alguien se considera incapaz de realizar labores comerciales, muchas actividades serán igualmente desaconsejables para esta persona.

Así, las principales destrezas con que debe contar un emprendedor son las siguientes:

- Confianza en uno mismo: se define como el convencimiento que tiene un emprendedor de que podrá realizar con éxito los planes que se proponga, además de dotarle de una visión positiva hacia los distintos aspectos de la vida. Ello no implica creerse con una capacidad ilimitada, sino que se trata de verse a sí mismo con objetividad, teniendo presentes las fortalezas personales, pero igualmente siendo consciente de las propias limitaciones y estando dispuesto a mejorar en dichas áreas. El proceso de creación y desarrollo de una empresa implicará momentos de duda y algunos problemas; creer de forma optimista y objetiva en uno mismo es un valor importante para poder afrontar dichos retos. La persona que tiene confianza en sí misma no actúa de forma imprudente, sino que analiza correctamente los riesgos que se presentan y actúa con decisión, pero racionalmente, para afrontarlos.

- Creatividad: es necesario contar con una forma de pensar flexible, que genere una variedad de ideas de modo que se entienda que no hay un modo único de resolver los problemas.

  Algunos autores hablan de pensamiento convergente y divergente:

  El pensamiento convergente implica buscar soluciones ordinarias de tipo convencional, con muy poco componente creativo; también se define como pensamiento lógico.

  El pensamiento divergente supone analizar distintas opciones hasta encontrar la solución más adecuada a los problemas, estudiando los mismos desde múltiples puntos de vista. Se huye de estereotipos y prejuicios buscando la forma más adecuada de resolver las cuestiones sin creer que la forma tradicional de solucionar las cosas es la única válida.

La creatividad implica la necesidad de preguntarse acerca de la existencia de nuevas formas de actuar y aceptar las ideas de otras personas como punto de partida para crear las propias. No es preciso crear formas revolucionarias y nunca antes empleadas de realizar las cosas, sino afrontar los retos con ideas que existen y que debemos aprender a adaptar a nuestra realidad particular.

- Iniciativa: consiste en la capacidad de actuar sin que sea necesario que otras personas impulsen la realización de una determinada acción. Es preciso contar con autonomía personal y decisión para iniciar actividades de gestión en la empresa por uno mismo. En relación con lo indicado respecto a la confianza en uno mismo, tener iniciativa no implica arriesgarse de forma irracional, sino, por el contrario, asumir riesgos calculados y estudiados en orden a mejorar la marcha del negocio, a abrir nuevas vías para incrementar el rendimiento del mismo. Resulta muy importante en un mundo económico tan cambiante como el actual contar con la capacidad de adaptarse a las nuevas realidades y no permanecer en las situaciones del pasado, cómodas, pero peligrosas para la supervivencia de la empresa. Resulta en este sentido muy interesante la lectura del ya clásico libro ¿*Quién se ha llevado mi queso?* de Spencer Johnson.

- Perseverancia: se trata del esfuerzo constante para alcanzar los objetivos que uno se ha propuesto. Deben mantenerse de forma duradera a pesar de los obstáculos que puedan aparecer. Es evidente que la gestión de una empresa va a implicar enfrentarse a problemas y dificultades, unas esperadas y otras que irán surgiendo con el desarrollo de la actividad económica.

Imagen 1.3. Disponer de planes alternativos para el caso de que cambien las circunstancias inicialmente posibles contribuye al éxito de una empresa.

Asumir este hecho y tener presente que algunas acciones tardarán un tiempo, incluso más de lo esperado en alcanzar sus resultados, y muchas veces ni siquiera se logrará la meta deseada. Esas dificultades no deben ser fuente de frustración, puesto que deben asumirse como parte necesaria del proceso de gestión de una empresa.

Su importancia no se limita a la persona del emprendedor, sino que se extiende igualmente a las personas que colaboran con él en el proceso productivo, que tienen en su perseverancia un patrón de comportamiento a seguir cuando aparezcan las correspondientes dificultades con las que inevitablemente se encontrarán.

• Capacidad de trabajo en equipo: el emprendedor trabaja en equipo. Es posible que su empresa la haya constituido exclusivamente él, como trabajador autónomo, pero en el desarrollo de su actividad deberá colaborar con otras personas necesariamente. Debe contarse con las necesarias habilidades de comunicación y de relacionarse socialmente. Trabajar en equipo no es un valor en sí mismo porque sean más personas, solo como un valor numérico, sino porque las capacidades de cada trabajador se complementan entre sí.

El emprendedor debe saber delegar, especialmente a medida que la actividad de la empresa se incrementa. En ocasiones la falta de confianza en la calidad del trabajo desarrollado por el equipo hará muy complicado el proceso, pero si se consigue, los resultados del equipo serán muy superiores a los de la suma de las individualidades.

1.2.2. Capacidades y aptitudes personales

La principal actitud de un nuevo empresario es justamente la actitud emprendedora. A la hora de plantearse un futuro laboral caben dos opciones claramente diferenciadas: de un lado, hacerse empleado bien de una empresa privada o bien del sector público, de otro lado, crear nuestro propio puesto de trabajo, nuestra propia empresa, bien solos o con la colaboración de otros socios, de otros partícipes en el proyecto.

Ante dicha disyuntiva no caben respuestas tajantes, no cabe decir cuál es la mejor de las dos opciones *a priori,* ya que hay que tener en cuenta, por una parte, la idea concreta del negocio que se está planteando, y por otra, como indica el presente apartado, la actitud emprendedora del futuro empresario. Hay dos criterios fundamentales a tener en cuenta:

• La mayor o menor aversión que el emprendedor tenga a perder el dinero invertido. El emprendedor necesita ser consciente de que ese riesgo está presente, si bien puede minimizarse en gran medida con la realización detallada de un plan de negocio ajustado a las circunstancias concretas de su futura inversión. En todo caso, una cuestión es tener las cuentas en un plan de negocio y otra muy diferente arriesgar el dinero personal en el mundo real.

En muchas ocasiones, y aunque el futuro de la empresa acabe siendo muy positivo, sucederá que durante un cierto número de años, la situación del emprendedor se resumirá en deudas con sus financiadores (o con sus ahorros agotados) y unas ganancias netas muy limitadas a fin de mes o incluso con pérdidas. Si el futuro emprendedor no es capaz de asumir esa situación de incertidumbre, lo más adecuado es que desarrolle sus capacidades creativas dentro de la organización en la que trabaje como empleado.

- La capacidad de comprometerse con el proyecto. Emprender una nueva empresa no es una tarea que pueda desarrollarse en un horario determinado y con una serie de días de descanso fijados de antemano. Deberá tener presente que ese trabajo le implicará restringir mucho el tiempo libre de que dispone, al menos en la primera fase de la actividad empresarial. Ello tendrá consecuencias en su vida personal y familiar. Si no existe un compromiso total con la empresa es difícil que otras personas puedan confiar en el naciente empresario. No significa que deba renunciar a su vida personal, pero sin duda tiene que asumir ese sacrificio como parte integral del proceso que supone llevar adelante su proyecto.

Las variables propias que considerar como elementos de éxito de un negocio son las siguientes:

Características personales del empresario:

Actitud:

- Determinación, dedicación y búsqueda de mejora: el empresario de éxito actúa con firmeza al desarrollar su idea de negocio. De forma especial, la creación de una empresa y dar a conocer la misma requiere una gran dedicación. Posteriormente, es preciso tener presente la mejora continua como guía de actuación.

- Paciencia: la creación de la empresa y la obtención de los resultados esperados supone en muchas ocasiones una alta dosis de paciencia, dado que, con independencia de las circunstancias concretas de cada empresa, se producirán dificultades que no siempre serán sencillas de resolver.

- Responsabilidad: la forma en que la empresa desarrolla su actividad debe transmitir esta característica a sus clientes, para generar una mayor confianza.

- Ser consciente de la necesidad de formarse en todo momento de su carrera profesional para adaptarse a las realidades cambiantes de los mercados y tecnologías actuales.

Aptitud:

- Formación en gestión de empresas: el empresario, con independencia de la actividad económica concreta que esta desarrolle, ha de gestionar su empresa de forma profesional.

- Conocimiento del área de actividad: es importante que el emprendedor (en su caso con la participación de sus colaboradores) conozca tanto la forma de desarrollar la actividad como el mercado en que se desenvuelve la misma, sus características propias y el tipo de los competidores presentes.

Momentos anteriores a la creación de la empresa:

- Contar con una definición precisa de la idea de negocio: se trata de tener una idea clara del negocio que iniciar, de forma que cuanto más lejos esté de la generalidad y la indefinición, mayor será la posibilidad de éxito de la empresa. Esta será una de las partes fundamentales del plan de empresa, que ha de estar redactado de un modo objetivo y con prospecciones ajustadas a la realidad esperable; lo contrario supone un gran riesgo de que el negocio fracase al tener que afrontar las obligaciones vinculadas al mismo (superiores a las estimadas) con unos ingresos muy alejados de las previsiones.

- Considerar las cantidades recibidas en concepto de subvenciones como un importe que llegará, en su caso, frecuentemente con un retraso temporal mayor del esperado y que son ayudas al desarrollo de la actividad económica, pero nunca su base, ya que el negocio debe sobrevivir y crecer en base a los recursos obtenidos por la venta de sus productos o servicios.

Imagen 1.4. Las subvenciones que percibir no han de representar el factor clave de la apertura de una empresa, dado que una acertada idea de negocio es el elemento clave del éxito del mismo.

- Seleccionar en base a criterios profesionales aquellas personas con las que se va a desarrollar el negocio, ya que serán socios (entre los cuales deben adoptarse las correspondientes decisiones de gestión, con la responsabilidad que de ello se deriva) o trabajadores, que deberán ser motivados para lograr los mejores resultados de su capacidad profesional.

Comienzo de la actividad empresarial:

- Contar con los recursos económicos precisos para el adecuado desarrollo de la actividad económica. Debe incluir tanto los aspectos de tesorería como una serie de líneas de crédito que aporte la liquidez precisa en cada momento.

- Ofrecer a los clientes un trato personalizado que suponga una ventaja competitiva para la empresa respecto a un buen número de sus competidores. Ello vendrá complementado por una respuesta eficaz a sus demandas y posibles dificultades que puedan presentarse.

- Aprovechar los conocimientos y capacidades de cada trabajador y cada socio para que los recursos humanos ofrezcan a la empresa la mejor de sus capacidades de un modo ético, debiendo entender que los trabajadores son personas que tienen una dimensión privada en sus vidas que debe ser atendida. Así se incrementará su fidelidad a la empresa.

- Mantener una situación de control sobre el capital social de la empresa que suponga una forma clara de supervisión de las actividades desarrolladas por la misma.

Durante el desarrollo de la actividad empresarial:

- Se tratará de fortalecer una ventaja competitiva que diferencie a la empresa respecto de la competencia y que mejore sus posibilidades de éxito entre los clientes.

- Las funciones serán desarrolladas por personas especializadas de forma que se desempeñen de la forma más eficiente y se incremente la productividad de la empresa. Se intentará vincular al máximo a los trabajadores, lo que implicarán una mayor productividad y un mejor clima laboral. Los empleados deberán recibir formación continuada para mantener actualizados sus conocimientos. En las materias en que no se cuente con especialistas en la plantilla de la empresa se deberá recurrir a asesores externos.

- Deberán redactarse documentos que indiquen los diversos escenarios en que puede verse implicada la empresa y los modos en que esta deberá actuar en función del que realmente se llegue a producir.

- Redactar planes relativos a las principales áreas de la gestión empresarial como la producción, el *marketing,* el nivel de ventas, la situación financiera, etc., que permitirán comprobar la adecuación de la evolución de la empresa con los planes establecidos, además de servir de guía de actuación.

- La atención al cliente deberá ser excelente, de modo que se incremente la fidelización de los mismos a la empresa de un modo mucho más estable. Ello supone una posibilidad de incrementar los márgenes comerciales aplicados.

- Mantener unas relaciones fluidas con los organismos y asociaciones vinculadas a la actividad económica de la empresa, así como participar en encuentros empresariales de interés.

- Empleo de herramientas informáticas de gestión que faciliten la toma de las decisiones por parte de la dirección.

- Deberá cuidarse la presencia en internet, tanto la página web de la empresa como los perfiles establecidos en las redes sociales, así como un adecuado control de las crisis de reputación *online.*

- Diversificar en la medida que sea posible la clientela de la empresa con la finalidad de que la pérdida de un reducido número de clientes no suponga una grave disminución de los ingresos totales de la empresa.

Test

1. La gestión de la red de contactos también se denomina:

   a. *Sharing.*

   b. *Meeting.*

   c. *Networking.*

2. Elementos tales como la determinación, dedicación y búsqueda de mejora forman parte de una característica del empresario, ¿cuál?

   a. Actitud.

   b. Aptitud.

   c. Asertividad.

3. Las subvenciones se perciben:

   a. En un periodo no determinado.

   b. Nada más solicitarlas.

   c. Antes de que transcurra un mes de su solicitud.

4. Se recomienda contar con:

   a. Un único cliente.

   b. Una clientela diversificada.

   c. Un máximo de 10 clientes relevantes.

5. Abrir un negocio con el único objetivo de salir de una situación de desempleo:

   a. Incrementa las posibilidades de éxito empresarial.

   b. Es la mejor razón para establecer una empresa.

   c. Incrementa las posibilidades de fracaso empresarial.

6. ¿Es preciso contar con una titulación académica para abrir una empresa?

   a. Siempre.

   b. Solo en casos muy determinados.

   c. Nunca.

7. El conocimiento (al menos a nivel básico) de técnicas de gestión empresarial:

    a. Es muy importante.

    b. No procede, dado que es la tarea de las asesorías empresariales.

    c. Puede sustituirse por el conocimiento sobre las técnicas productivas.

8. ¿Puede decirse que el autónomo no tiene «jefes»?

    a. Sí, sus clientes o su competencia, entre otros.

    b. Sí, aunque solo los autónomos dependientes económicamente.

    c. No.

9. La financiación colectiva también se conoce como:

    a. *Renting.*

    b. *Confirming.*

    c. *Crowdfunding.*

10. Delegar funciones en una empresa, especialmente cuando se encuentra en expansión, es:

    a. Un error estratégico.

    b. Una capacidad clave del emprendedor.

    c. Un factor clave de fracaso empresarial.

Actividades prácticas

1. Emplea internet para buscar asociaciones de empresarios o grupos en redes sociales relacionadas con el sector de la actividad económica a la que se dedique la empresa que te plantearías crear.

2. Teniendo en cuenta las capacidades y actitudes personales del emprendedor al que se hace referencia en el tema, señala las que consideras que tienes personalmente.

3. Busca las subvenciones a las que puedes recurrir en el lugar que resides para ayudarte en el inicio de tu actividad empresarial.

2. La idea de negocio

2. LA IDEA DE NEGOCIO (6 horas)

Una vez que el emprendedor ha tomado la decisión de llevar a cabo una actividad empresarial, debe analizar la realidad existente en su entorno para adoptar las decisiones más racionales dirigidas a crear su negocio de forma que se maximicen sus posibilidades de éxito. Para ello deberá atender tanto a la realidad económica y social circundante como a sus circunstancias personales y socioeconómicas.

El entorno socioeconómico que rodea al futuro emprendedor determina la existencia de sectores en los que existen mayores oportunidades. Para su identificación es preciso que se realice un estudio de las áreas en las que emprender sea una opción más adecuada y, una vez determinado el sector económico, la forma en que la idea se plasmará en una realidad empresarial.

2.1. LA IDEA DE NEGOCIO

La idea de negocio puede definirse como el servicio o producto que se desea ofrecer, el modo en que se conseguirán los clientes y la forma en que se espera recibir ganancias de la misma. Partiendo de la misma se tomarán en cuenta la totalidad de las variables presentes en el proceso de creación del negocio, dado que el éxito de la empresa dependerá en buena medida del éxito en la toma de decisiones en este momento inicial.

2.1.1. Los nuevos yacimientos de empleo. Empleos futuros

Mención aparte merecen los denominados «nuevos yacimientos de empleo» expresión que se encuentra en un documento redactado por la Comisión Europea, a través del documento *Crecimiento, competitividad y empleo. Retos y pistas para entrar en el siglo XXI* y conocido como Libro Blanco de Delors y que los define como «aquellas actividades con mejores perspectivas de generación de empleo en la actualidad y de cara a un futuro próximo». Se trata de actividades económicas que cuentan con la capacidad de generar nuevos empleos con la finalidad de satisfacer nuevas necesidades sociales. De este modo se compatibiliza la actividad económica con el desarrollo de valores como la solidaridad y la calidad de vida.

COMITÉ DE LAS REGIONES

Dictamen sobre el Libro Blanco « Crecimiento, competitividad, empleo — Retos y pistas para entrar en el siglo XXI »

(95/C 210/01)

Imagen 2.1. El Libro Blanco de Delors es un documento clave para conocer el futuro del empleo en Europa.

Los nuevos yacimientos de empleo se clasifican en cuatro grandes grupos de análisis en los que se agrupan las actividades que, en el futuro, representarán las bases del desarrollo económico y de la creación de empleo:

- Servicios a la vida diaria: servicios a domicilio, cuidado de niños, nuevas tecnologías de información y comunicación, ayuda a los jóvenes con especiales dificultades para su inserción en el mercado de trabajo.
- Servicios para la mejora de la calidad de vida: rehabilitaciones y mejoras en las viviendas, seguridad, medios de transportes colectivos, mejora de espacios públicos urbanos e implantación de comercios de proximidad.
- Servicios culturales y de ocio (deporte): turismo, actividades audiovisuales, actividades deportivas, revalorización del patrimonio cultural y desarrollo cultural local.
- Servicios medioambientales: gestión de residuos urbanos, gestión de aguas, protección y mantenimiento de áreas naturales y de prevención y control de la contaminación.

Los principales yacimientos de creación de empleo son los siguientes:

SERVICIOS DE LA VIDA COTIDIANA

1.1. Servicios a domicilio

Ayudas burocráticas
Producción y reparto de comidas a domicilio
Reparto de mercancías a domicilio
Acompañamiento de personas de edad al exterior
Servicio de limpieza a domicilio
Atención a personas de edad o con discapacidades

1.2. Atención a la infancia

Guarderías y centros preescolares

Otros centros de atención infantil (espacios familiares, casas de niños)

Atención infantil domiciliaria (habitual u ocasional)

Servicios de guarda fuera del horario escolar

Servicios complementarios a la escuela (comedor, transporte...)

Actividades extraescolares culturales y deportivas

Colonias (escolares, deportivas, de verano)

Apoyo a niños con dificultades de aprendizaje (clases de repaso...)

1.3. Ayuda a los jóvenes en dificultades

Ayuda a jóvenes con problemas de fracaso escolar

Ayuda a la inserción laboral de los jóvenes

Ayuda a jóvenes con discapacidades

Atención a menores en situación de riesgo social

Prevención y reinserción de la delincuencia juvenil

Prevención y tratamiento de drogadicciones

1.4. Mediación y asesoramiento en la resolución de conflictos

En el ámbito familiar

En el ámbito escolar

En el ámbito laboral

En el ámbito de la vida cívica

1.5. Nuevas tecnologías de la información y de la comunicación

Equipos y servicios informáticos

Equipos y servicios de telecomunicación

Servicios de acceso a la información (internet, redes, bases de datos)

Nuevas formas de distribución de la TV (cable, satélite)

Producción multimedia

Teleservicios (a hogares, empresas, Administraciones públicas)

Servicios de apoyo a actividades profesionales (teletrabajo...)

Comercio telemático

Servicios educativos y formación a distancia

Otras teleaplicaciones en el ámbito de la Administración pública, las empresas y los hogares (teleadministración...)

Telemedicina

1.6. Prevención de riesgos laborales

Formación en prevención

Servicios de prevención

Servicios de inspección

Servicios de información e investigación en prevención

SERVICIOS DE MEJORA DE LA CALIDAD DE VIDA

2.1. Mejora de alojamientos
Rehabilitación y reparaciones interiores de inmuebles
Rehabilitación exterior de inmuebles
Mantenimiento y vigilancia de inmuebles

2.2. Servicios de seguridad
Vigilancia de lugares públicos
Vigilancia en transportes colectivos
Instalaciones de seguridad en domicilios
Instalaciones de seguridad en empresas
Instalaciones de seguridad en lugares públicos
Televigilancia

2.3. Transportes colectivos locales
Mejora del confort técnico de los transportes públicos
Mejora del acceso de personas con discapacidades a los transportes públicos
Creación de nuevas formas de organización del transporte colectivo urbano
(empresas multiservicios, mantenimiento de vehículos, asociaciones
locales entre bus y taxi)
Acompañamiento a personas dependientes
Mejora de la seguridad del transporte
Información (acogida, consejo, turismo...)
Vigilancia de vehículos
Microtransportes especializados temática o zonalmente

2.4. Revalorización de espacios urbanos
Redefinición polifuncional de los espacios fuertemente funcionales
hacia la convivencialidad
Remodelación rehabilitación
Actuaciones con elevados componentes de ocupaciones especializadas
que permiten el mantenimiento y recualificación de oficios
Mantenimiento de los espacios públicos

2.5. Comercio de proximidad
En zona rural: adaptación a los cambios en la composición de la población
(permanente o flotante)
En las zonas urbanas periféricas: introducción del comercio de proximidad
como manera de revalorización y de adaptación a las nuevas formas de vida
(trabajo de las mujeres, envejecimiento de la población)

2.6. Gestión de la energía
Ahorro energético en los edificios y viviendas
Asesoramiento al ahorro energético de las familias
Utilización de nuevas fuentes de energía

SERVICIOS DE OCIO

3.1. Turismo

Turismo rural

Turismo cultural

Turismo de aventura

Turismo especializado (rutas, circuitos)

Organización de actividades y acontecimientos

Turismo de tercera edad

3.2. Audiovisual

Producción de películas

Distribución de películas

Producción de emisiones de TV

Difusión de producciones de TV

Televisión interactiva (acceso a distancia a museos, bibliotecas...)

Producción de videomultimedia comerciales (p. ej. presentación
de empresas, instituciones, productos)

3.3. Valorización del patrimonio cultural

Restauración (demanda de artesanos cualificados)

Creación de centros culturales (artistas, conservadores...)

Difusión de la cultura (acogida, guías, científicos, técnicos, editores...)

Oferta cotidiana y mantenimiento (vigilantes, gestores de flujos turísticos...)

3.4. Desarrollo cultural local

Potenciación de la cultura popular (potencial endógeno) (vinculación
entre revalorización, mantenimiento, transmisión, difusión
conservación) (papel local y vinculación con turismo cultural
y expansión multimedia de los proyectos culturales)

3.5. Deporte

Gestión de clubs deportivos

Educación deportiva y deporte para la salud

Deporte profesional y de espectáculo

Inserción social mediante el deporte

SERVICIOS MEDIOAMBIENTALES

4.1. Gestión de residuos

Recogida y tratamiento selectivos de residuos

Recuperación y comercialización de materiales

4.2. Gestión del agua

Saneamiento y mantenimiento de las cuencas y de los cursos fluviales

Protección contra la contaminación de las aguas

Gestión de infraestructuras

Educación pública en el uso del agua: ciudadanos y empresas

El agua como elemento de ocio

4.3. Protección y mantenimiento de zonas naturales

Control de la degradación

Programas de parques naturales, reservas, creación de nuevas
zonas protegidas, etc.

Programas de reforestación o de reconstitución de terrenos

Prevención y extinción de incendios forestales

Construcción y conservación de infraestructuras

Educación ambiental

4.4. Control de la contaminación y gestión medioambiental

Aportación de bienes y servicios para la reducción de la contaminación

Implantación de tecnologías menos contaminantes

Tecnología de ahorro de recursos

Sistemas de gestión medioambiental

Estudios de impacto ambiental

Auditorias medioambientales

Gestión de riesgos ambientales

Sensibilización entre los ciudadanos y las empresas

2.1.2. Organismos e instituciones de información y asesoramiento para la definición de idea de negocio

El fomento de la actividad empresarial y la ayuda a los emprendedores, en el ámbito estatal, se organiza fundamentalmente a través de los ministerios del área económica del Gobierno, dentro de los que se desarrollan programas de ayuda en los ámbitos de financiación para empresarios y emprendedores, ayudas a la contratación de trabajadores y a la apertura de empresas por parte de desempleados, y la tramitación. Cada uno de los programas de ayuda a los empresarios cuenta con un procedimiento propio que debe tenerse presente para poder acceder al mismo, en el que se incluye la documentación precisa, los trámites concretos que deben cumplirse, así como los plazos en que dichos trámites han de ser efectuados.

Dentro del ámbito de las comunidades autónomas, serán los organismos denominados «Instituto de Fomento Regional» y en los municipios las «Agencias de Desarrollo Local» u organismos con denominaciones similares los que se encarguen de estructurar las medidas de ayuda a los emprendedores, entre las que se encuentran las de ayudarlos a definir la idea de negocio.

Imagen 2.2. Página web del Instituto de Desarrollo Económico del Principado de Asturias. Fuente: www.idepa.es.

Entre las formas de asesorar al emprendedor cabe destacar las tutorías personalizadas con los emprendedores en las que se analiza su idea de negocio del emprendedor y se los ayuda a darle forma y a concretarla, aportando información sobre el mercado en el que se desea desarrollar la actividad, analizando la forma jurídica más conveniente para el caso en concreto o la manera más adecuada de financiar la actividad, entre otros aspectos.

El inicio del desarrollo de una actividad económica va a requerir el cumplimiento de una serie de normas legales de diverso ámbito, tanto territorial (estatal, autonómico, provincial o local) como sectorial (Seguridad Social, Agencia Tributaria, urbanismo). Igualmente, debe considerarse que en función del sector de actividad en que el emprendedor vaya a actuar existirán trámites específicos que deben tenerse en cuenta.

Además de los organismos de ámbito territorial a los que el emprendedor puede acudir para ser asesorado respecto de los trámites y reglamentación que cumplir para la apertura del negocio y que se suelen denominar, por ejemplo, Institutos de Fomento Regional o Agencias de Desarrollo Local, existe una estructura de ayuda al emprendedor denominada Ventanilla Única Empresarial.

Las Ventanillas Únicas Empresariales cuentan con dos vías para ayudar al emprendedor en la realización de los trámites administrativos que sean necesarios:

- Centros presenciales de tramitación y de asesoramiento integral al emprendedor, en los que se ofrece asesoramiento presencial y la posibilidad de realizar los trámites de constitución de la empresa.

- Páginas web en las que se ofrece asesoramiento *online,* así como diversos recursos tales como variada documentación de interés para el emprendedor.

Igualmente, existe una red de los denominados Puntos PAIT, muchos de ellos gestionados por las Cámaras de Comercio.

Los Puntos de Asesoramiento e Inicio de Tramitación (PAIT) tienen las siguientes funciones:

- Ofrecer servicios presenciales de información y asesoramiento a los emprendedores tanto en la definición y tramitación de creación de la empresa, como durante los primeros años de actividad de la misma.

- Constituir la sociedad a través del Documento Único Electrónico (DUE), de forma telemática, reduciendo la cantidad de desplazamientos y el tiempo necesario para crear una empresa.

Los servicios que prestan los PAIT pueden ser gratuitos o de pago, no obstante la tramitación telemática del Documento Único Electrónico (DUE) será gratuita. El Programa Ventanilla Única Empresarial Online (VUE *online*) es un proyecto piloto de las Cámaras de Comercio, con el apoyo del Fondo Social Europeo y la Administración General del Estado, con el objetivo de universalizar la labor de asesoramiento para la creación de empresas y apoyo a emprendedores que presta la red de oficinas de Ventanilla Única Empresarial (Oficinas VUE). Para ello, ofrece un servicio de asesoramiento *online* abierto y gratuito.

El asesoramiento *online* presta un servicio complementario a los servicios de asesoramiento presencial y de realización de trámites de creación de empresas ofrecida por la red de Oficinas VUE, en las que toman parte la Administración General del Estado, las comunidades autónomas, las entidades locales y las Cámaras de Comercio.

Igualmente, VUE *online* tiene por objeto ofrecer al emprendedor y al empresario, desde un único portal, todos los recursos ofrecidos en internet por las diferentes Administraciones públicas españolas y la red cameral, para facilitar la creación de empresas.

2.1.3. Fuentes de ideas

Las ideas para crear una nueva empresa pueden provenir de muy diversos orígenes y será el emprendedor el que deba acceder a una serie de fuentes de información para obtener la máxima magnitud de información previa a la puesta en práctica de su vocación empresarial:

- Costumbres y tradiciones de la comunidad: las costumbres locales pueden ser una fuente de ideas tanto de realización de productos típicos como de prestación de servicios turísticos o comerciales.

- Los *hobbies* propios: el emprendedor deberá plantearse la posibilidad de obtener ingresos en base a desarrollar comercialmente los *hobbies* que desarrolla en su vida personal y que pueden resultar interesantes para otras personas.

- Desarrollar en una nueva zona geográfica actividades que han tenido éxito en otras zonas: deben analizarse las condiciones socioeconómicas del área en que se desea establecer la nueva actividad en orden a determinar si la actividad en cuestión puede trasladarse de forma automática a la nueva zona, si será preciso incluir ciertas modificaciones o, en último caso, si las realidades son tan diferentes que no procede la traslación de la idea.

- Modificar el modo en que se presta un determinado servicio o se comercializa un bien: puede plantearse una modificación en los precios ofertados, en los servicios añadidos, en el horario, en la forma de atender al cliente, en los volúmenes de contratación mínimos que se exige, etc. En algunos casos, la modificación consiste exclusivamente en la solución de un problema o carencia previamente observada en los establecimientos de la competencia y cuya eliminación incrementa sustancialmente la calidad del servicio recibido por el cliente.

- Retomar actividades que no se desarrollan en la actualidad: puede plantearse el desarrollo de actividades que no estuviesen desarrollándose y que pueden tener hueco en el mercado, quizá con adaptaciones a los momentos presentes. Es el supuesto de la práctica desaparición de los negocios que realizaban ropa a medida, actualmente en horas muy bajas, que, sin embargo, se multiplican en forma de negocios de reparación y ajuste de prendas de vestir fabricadas de manera industrial.

- Nuevas tendencias sociales: una nueva sociedad requiere nuevas necesidades que deben ser satisfechas. La cocina de platos preparados para ser consumidos en el domicilio, la prestación de servicios a las personas que viven solas y tienen limitaciones físicas o el establecimiento de negocios para atender los servicios demandados por las personas inmigrantes son ejemplos de este epígrafe.

Imagen 2.3. La venta de platos preparados para consumir en casa o en el trabajo es una de las nuevas tendencias en el ámbito de la alimentación.

- Necesidades propias y de las personas con las que se mantiene relación: cada persona y también las que forman parte de su círculo personal son fuente de ideas de negocio en tanto en cuanto pueden detectar necesidades no cubiertas por los prestadores de servicios y suministradores de bienes actualmente actuantes en la sociedad en que se desenvuelve este grupo de personas.

Test

1. Las personas que rodean al emprendedor, ¿pueden ser fuentes de ideas de negocio?

    a. Sí.

    b. No.

    c. Solo si son emprendedores.

2. El Libro Blanco de Delors ha sido redactado por:

    a. La Administración estatal.

    b. La Administración autonómica.

    c. La Comisión Europea.

3. ¿Un *hobby* personal puede materializarse en una empresa real?

    a. No, los *hobbies* solo son aficiones.

    b. Sí.

    c. Sí, cuando son de tipo técnico.

4. ¿En cuántos grupos de análisis se agrupan las actividades que el Libro Blanco de Delors señala como bases del desarrollo económico y la creación de empleo futuro?

    a. 3.

    b. 4.

    c. 5.

5. ¿La educación deportiva y el deporte para la salud son yacimientos de empleo recogidos en el Libro Blanco de Delors?

    a. Sí.

    b. Solo la educación deportiva.

    c. No.

Actividades prácticas

1. Teniendo en cuenta las actividades que son consideradas yacimientos de empleo en el Libro Blanco de Delors, determina las que podrían ser de tu interés para iniciar una actividad emprendedora.

2. Teniendo en cuenta las fuentes de ideas a las que se hace referencia en el tema, señala posibles ideas para crear un negocio que resulten de tu interés.

3. Plan de negocio

3.1. Proceso para la creación de un plan de negocio

3. PLAN DE NEGOCIO (10 horas)

El plan de negocio (también llamado plan de empresa) es el documento en el que el emprendedor expone la información relativa a su idea de constituir una empresa, en la que se incluyen tanto los aspectos económicos como los organizativos y los de mercado. En el mismo han de aparecer claramente los objetivos que la empresa aspira a alcanzar, así como los medios con los que cuenta para lograr tales objetivos.

Se deberá, por todo ello, definir lo que hace la empresa, cómo lo logra, las personas responsables de llevarlo a cabo y los plazos estimados para conseguir esas metas.

El plan de negocio tiene por finalidad, como anteriormente se indicaba, plasmar los objetivos y los medios con los que cuenta el emprendedor para llevar a la práctica su idea de negocio. Su importancia es máxima, toda vez que el mismo ha de servir como plan de actuación para el emprendedor, así como de carta de presentación ante terceras entidades tales como bancos que financien el proyecto u organismos públicos de fomento de la actividad económica que pueden otorgar distintos tipos de ayudas o subvenciones.

3.1. PROCESO PARA LA CREACIÓN DE UN PLAN DE NEGOCIO

Con carácter previo al inicio de la actividad empresarial, debe dedicarse un esfuerzo significativo a la definición de las ideas de negocio que pueden ser desarrolladas por el emprendedor. Las posibilidades son muy variadas, pero debe tenerse presente que no es suficiente con poseer una idea empresarial que pueda ser muy acertada, sino que la misma ha de plasmarse en la posibilidad de ser llevada a la práctica en la realidad.

Debe estudiarse si la idea con la que se cuenta es viable en el mercado, si, aunque pueda tratarse de una buena idea, existe en el mercado una serie de necesidades sin cubrir adecuadamente que la nueva empresa pueda satisfacer. En el caso de que esta condición no se cumpla, la viabilidad del negocio se encontraría claramente en entredicho, puesto que, en realidad, una idea de negocio, es, justamente, eso, el germen de una actividad empresarial y no una «tormenta de ideas» para conseguir ideas literarias alejadas de la realidad.

Es preciso conjugar la voluntad de crear una empresa y de conseguir sentirse realizado como empresario, con la creatividad para determinar la idea de negocio que tenga la suficiente consistencia como para conseguir desarrollar una actividad que produzca rendimientos económicos.

Entre las vías para generar ideas de creación de nuevos negocios cabe destacar las siguientes:

- Considerar una actividad empresarial que trate sobre una materia que resulte apasionante para el emprendedor: la ventaja consistiría en que se trata de una materia sobre la que el emprendedor cuenta con grandes conocimientos, fruto de su gran interés por la misma. Igualmente, dada la atracción del empresario por el tema al que va a dedicar su tiempo, este va a encontrarse a gusto desarrollando su actividad profesional, dado que no se trata solo de un medio de vida, sino que es, además, su pasión o su afición. Es posible que al emprendedor le apasione el diseño de páginas web, el maquillaje o la mecánica del automóvil; se trata de tres posibles ideas de negocio para cada una de estas tres personas.

- Un negocio que se refiera a una materia que el emprendedor conozca en profundidad: con independencia de que al emprendedor le apasione o no una materia, puede haber áreas que el mismo domine como consecuencia de los estudios que ha realizado o de la experiencia laboral con la que cuente el emprendedor. Cabe que haya trabajado como empleado por cuenta ajena en una empresa desarrollando una determinada actividad y en un momento determinado, y bien por voluntad propia u obligado por las circunstancias, opte por desarrollar por sí mismo esa idéntica actividad como empresario.

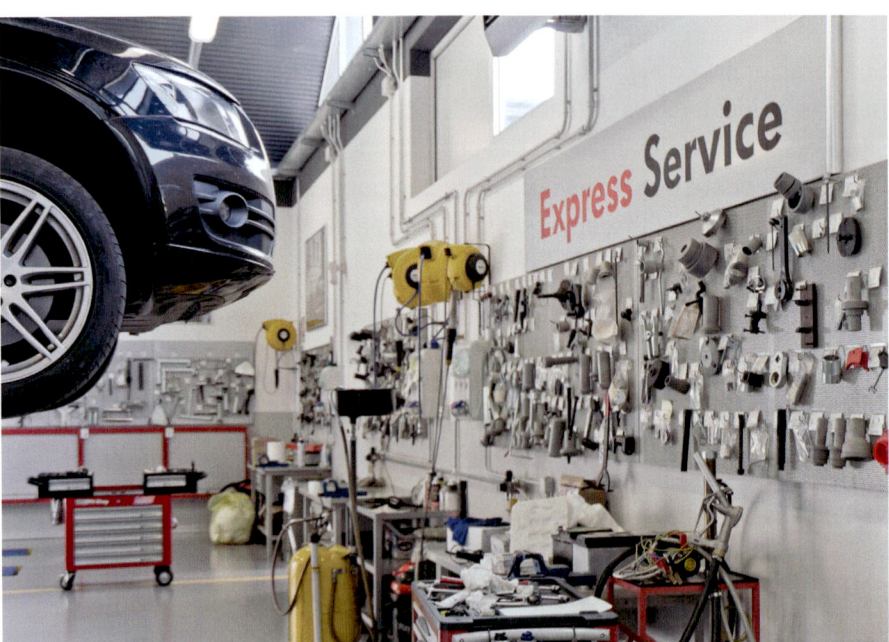

Imagen 3.1. Gestionar un negocio, como el caso de un taller mecánico, se ve facilitado por el hecho de contar con experiencia en el sector.

- Un negocio en el que se puede desarrollar una actividad diferente a las que se están ofreciendo actualmente en el mercado: en el sector económico en que el emprendedor esté interesado, se buscarán las novedades que no se están ofreciendo actualmente. Es posible que en una determinada localidad existan varias asesorías fiscales y laborales, pero puede haber un nicho de servicios extra a las pequeñas empresas que complemente al servicio básico de asesoría y que ofrezca a los autónomos una serie de ventajas adicionales que vendrían a sumarse a los servicios básicos que presta un asesor.

- Analizar el mercado: otra vía de generación de ideas es el análisis de los mercados, en busca de oportunidades que aún no se hayan aprovechado por otros emprendedores. Es interesante hablar con otros empresarios que detecten nuevas posibilidades de negocio, que señalen carencias que estimen reales y que pueden dar lugar a la creación de una nueva empresa. Los empresarios que ya ejercen su actividad en un sector o una localidad pueden señalar los bienes o servicios con los que desearían contar o las deficiencias que observan en los que actualmente tienen a su disposición. En otro sentido, observar otras localidades puede sugerir negocios que estén implantados en las mismas y que puedan tener viabilidad en el área en que se desea iniciar la actividad empresarial. Otro modo muy sencillo es el de consultar a un grupo de personas, consumidores, sobre las necesidades que consideran inadecuadamente satisfechas, por ejemplo, un grupo de alumnos de academias de idiomas pueden sugerir que en ese lugar no existen centros adecuados para la enseñanza de idiomas a adultos o que no hay formación en un determinado idioma que tendría demanda si se implantase.

- Acudir a páginas web o foros especializados: existen, sobre todo en el ámbito de la franquicia, diversas páginas web en las que se relacionan, ordenadas tanto por sector de actividad económica como por el volumen de inversión necesaria, las posibles alternativas de negocio que se plantean al futuro emprendedor. También, en este mismo sector, se organizan anualmente diversas ferias en las que los principales franquiciadores exponen sus propuestas a los posibles interesados.

- Permanecer atentos a posibles novedades legislativas: una novedad legal puede dar lugar a una oportunidad de negocio viable y que, además, se trataría de un sector en expansión inmediata debido a la demanda naciente. Un ejemplo sería que una ley exigiese una determinada certificación de calidad para ejercer una actividad empresarial que, hasta entonces, no requería esa certificación para ser desarrollada. En ese momento, aparece una oportunidad de negocio para empresas consultoras o certificadoras en ese ámbito.

- Emplear internet como elemento de investigación de nuevas ideas que pueden no haber sido desarrolladas en el entorno cercano al emprendedor y que, por tanto, pueden no ser conocidas por los empresarios próximos al futuro emprendedor. En este caso, deberá contrastarse la viabilidad de dicha idea o el interés que la misma puede despertar entre sus potenciales clientes.

- Permanecer atentos a los cambios sociales: en función de los hábitos sociales existentes en una comunidad pueden encontrarse oportunidades de negocio diversas tales como empresas que ofrecen servicios de atención a personas ancianas que viven solas, que instalan escuelas infantiles con horarios adaptados a las empresas existentes en la zona, y que ayudan a las familias con horarios que dan lugar a necesidades especiales en este campo. La implantación en las cercanías de grandes empresas puede ser una buena oportunidad de prestar servicios auxiliares tanto a las mismas como a los trabajadores que van a desarrollar su actividad en esa área, en ámbitos como la hostelería, el ocio o cualquier otro campo que se estime oportuno.

3.1.1. Definición de la idea: qué voy a ofrecer, a quién, cómo, dónde y cuándo

Una vez que el emprendedor ha reunido toda la información necesaria para optar por una idea de negocio concreta, el siguiente paso es centrar toda la actividad en conocer al máximo los detalles de la actividad como requisito previo al inicio efectivo del proyecto empresarial.

Aunque inicialmente el proyecto pueda parecer viable desde el punto de vista económico, es preciso someterlo a un análisis preciso, toda vez que el emprendedor va a poner en juego su capital y, en su caso, el de otros socios, por lo que será necesario realizar un estudio detallado de las posibilidades de rentabilizar la inversión realizada, analizando las posibilidades que existen de encontrarse con dificultades que inicialmente no estaban previstas o que no aparecían de forma evidente.

Existe una serie de formas para analizar una idea previa de negocio:

- Analizar el mercado: una vez determinada la idea que se desea desarrollar, procede realizar un análisis detallado del mercado en que dicha empresa desenvolverá su actividad. Deberá conocerse la estructura del mismo, el tipo de empresas que están actuando en dicho mercado y en la zona geográfica en que se va a actuar. Es importante conocer el tipo de servicios que la competencia ofrece, el nivel de precios con que operan en el mercado y los costes a los que se enfrentan para desarrollar sus funciones. En otro sentido, es interesante acudir a los clientes potenciales de la empresa para recabar su opinión acerca de la posibilidad que se están considerando. Resulta ilustrativo conocer opiniones de consumidores que pueden ayudar a identificar necesidades que, o bien no están cubiertas, o bien lo están de forma deficiente por parte de las empresas que están operando en el sector al que se refiere nuestra idea de negocio.

Imagen 3.2. Compartir ideas con los clientes potenciales puede resultar muy útil para conocer sus necesidades y expectativas.

Es interesante presentar a los posibles clientes el producto o servicio como una realidad, es decir, informar del conjunto del mismo, para determinar el posible interés que pueda despertar en ellos en orden a una futura contratación del mismo una vez que se encuentre en el mercado. La información así obtenida ha de servir para delimitar aspectos del proyecto que no habían sido tenidos adecuadamente en consideración o para estimar que alguna de las creencias previamente existentes sobre el mercado debe ser descartada.

- Estudiar con detalle la experiencia de otros emprendedores en el sector, buscando información acerca de las razones por las cuales sus empresas han alcanzado el éxito, o, por el contrario, han tenido que abandonar la actividad económica. Aunque no deseen ofrecer toda la información acerca de las magnitudes económicas del negocio, sus opiniones y experiencias servirán al emprendedor para evitar errores en el ejercicio de la actividad empresarial.

- Poner en común la idea empresarial con personas conocedoras del mercado: en este caso, las personas que pueden aportar sugerencias de interés que ayuden a matizar diversos aspectos del proyecto han de conocer el mismo. En ocasiones, se descarta este método de desarrollo de la idea empresarial con el argumento de que la idea puede ser imitada por los demás. En realidad, la clave consiste en cómo se desarrolla un proyecto, no en la idea en sí. Un ejemplo: si un emprendedor desea abrir una asesoría fiscal-laboral, la idea en sí no es original, pero sí que su forma de atender a las empresas y su profesionalidad a la hora de desarrollar el servicio será lo que puede hacerle destacar dentro de su sector, si se diferencia y sobresale respecto a la competencia. En la medida en que sea posible, sería muy conveniente contactar con empresarios del sector que puedan expresar sus experiencias y consejos al futuro empresario.

- Acudir a eventos relacionados con el sector: la mayoría de los sectores de actividad económicos cuentan con eventos (ferias, congresos, jornadas), en los que se puede obtener información de gran utilidad para el futuro emprendedor, especialmente cuando aún no se conoce con profundidad el mercado. En los mismos puede, igualmente, entablarse contacto con proveedores de bienes o servicios que cuentan con experiencia y conocimientos del mercado, que resultarán de utilidad para el futuro emprendedor, y de los que cabe obtener información sobre soluciones para los problemas que se le planteen al mismo.

- Solicitar ayuda para la redacción del plan de negocio: con independencia de la capacidad profesional del futuro emprendedor, resulta muy conveniente que este acuda a entidades especializadas en ayuda a los futuros empresarios. En cada comunidad autónoma y en muchos municipios existen entidades cuyo objetivo es ayudar de forma gratuita a los emprendedores a la redacción del plan de empresa. En ellos, el interesado acudirá de forma activa; es decir, la ayuda no consiste en solicitar que el organismo en cuestión redacte el plan de empresa de forma independiente, sino que se trata de que colaboren ambas partes, uno: el emprendedor preparando el plan de empresa y presentándolo al organismo de ayuda, y este planteando las modificaciones que estime oportunas y solicitando del interesado la preparación de los apartados del mismo que no estén adecuadamente redactados. La redacción del plan ha de estar basada en criterios objetivos, toda vez que es básico que refleje las posibilidades de negocio frente a las que realmente se va a encontrar el empresario.Minimizar los gastos a los que el empresario habrá de enfrentarse (instalaciones, alquileres, compra de mercancía, seguros, personal, etc.) y calcular al alza los ingresos de explotación derivados de la actividad económica resulta muy sencillo, pero operar sobre criterios alejados de la objetividad lleva a la empresa a contar con más posibilidades de fracaso que si se actúa de forma objetiva. Evidentemente, la redacción de un plan de empresa puede tener como consecuencia que el mismo suponga la recomendación de no seguir adelante con el proyecto, si se concluye que tiene mínimas posibilidades de ser viable económicamente.

Como consecuencia de este acercamiento a la idea concreta cabe que finalmente el emprendedor considere que su proyecto no tiene posibilidades de salir adelante, lo que no ha de resultar particularmente sorprendente. Estadísticamente, muchos proyectos de negocio no llegan a materializarse, y ello no ha de generar en el emprendedor una sensación de fracaso. No debe olvidarse que se trabaja sobre un proyecto y como tal puede ser o no viable. Plantear el proyecto adecuadamente y estudiarlo a fondo es la forma más profesional de iniciarse en la actividad empresarial. La realidad muestra que un porcentaje muy significativo de empresas se inicia sin contar con un previo plan de negocios, un fallo que implica consecuencias negativas de cara al éxito de la empresa. Las razones que pueden aconsejar el abandono del proyecto empresarial pueden, por ejemplo, permitir al emprendedor optar por cambiar de sector económico o de área geográfica en la que desarrollar la actividad. Las inquietudes emprendedoras no han de verse eliminadas por el hecho de que un proyecto no salga adelante, sino que la actitud correcta es dirigir esa voluntad de crear una empresa en la dirección en la que existan las mayores posibilidades de éxito.

3.1.2. ¿Qué recursos materiales y humanos me hacen falta?

Tras haber determinado el sector en que se desea iniciar la actividad económica, el siguiente paso consiste en definir los requerimientos económicos que va a suponer el inicio de la empresa. Se trata de una de las fases principales de la redacción del plan de negocio, toda vez que es posible que la idea empresarial sea adecuada y satisfaga una necesidad existente en el mercado, pero los recursos económicos con los que se debe plasmar en la realidad esa idea se encuentren lejos del alcance de las capacidades financieras de los emprendedores.

Identificación de barreras de entrada y salida

Es fundamental que el futuro empresario sea consciente de las limitaciones a la libre entrada y salida del mercado que puede encontrarse en su actividad emprendedora.

Elevados costes fijos: una empresa con elevados costes fijos ha de facturar una cuantía suficiente para mantener dichos costes. Si un competidor amenaza el mantenimiento de dichos costes al reducir el volumen de venta, su reacción será necesariamente activa ante el nuevo participante en el mercado. Esta situación se produce de forma especial cuando existen importantes barreras de salida para los participantes en el mercado. Emanan de muchas fuentes. Entre las más comunes podemos señalar las siguientes:

- Activos especializados: si bien constituyen una barrera de entrada, también lo son de salida, toda vez que le será muy complicado conseguir compradores para sus activos.

- Costes fijos de salida: entre ellos el coste de las indemnizaciones laborales y de otro tipo que corresponda afrontar.

- Organización interna de la empresa: cuando el cierre de un área de la empresa puede afectar de forma intensa a otros sectores de la organización.

Las barreras a la entrada son definidas como los impedimentos y dificultades que tienen las personas interesadas en entrar en un sector productivo. Estas limitan la competencia en un mercado. En tanto en cuanto las barreras de entrada se incrementan, se tiende hacia el monopolio, por contra, cuando las barreras de entrada son mínimas, se incrementa el número de competidores, tendiéndose hacia el libre mercado. También son definidas como las condiciones que impiden o dificultan la entrada a un mercado, a pesar de que las empresas que participan en el mismo obtengan beneficios económicos.

Existen tres tipos fundamentales de barreras de entrada: legales, naturales y estratégicas.

- **Legales:** parten de normas legales, de forma que se impide o se hace difícil la introducción de nuevas empresas en un sector determinado. Un ejemplo es el caso del requerimiento de autorizaciones para ejercer una actividad económica, especialmente cuando se trata de concesiones otorgadas por el sector público, en el que solo se permitirá la entrada de uno o de muy pocos participantes. Restricciones a las importaciones o un régimen de patentes muy estricto son también formas en que se limita la competencia.

- **Naturales:** hacen referencia a la tecnología necesaria para desarrollar una actividad económica, así como la situación del mercado en que dicha tecnología es empleada. El modo más frecuente en que dichas barreras se presentan es el de la producción de un bien a un coste inferior del que deberían afrontar los nuevos competidores. Existen cuatro tipos de razones que pueden darse en este tipo de barrera:

- Economías de escala: tienen lugar en una actividad productiva cuando el coste medio de producción de un bien disminuye a medida que crece el número de unidades producidas. El coste unitario de cada producto disminuye por cada unidad adicional que se produce. Un pequeño productor habitualmente obtendrá sus materias primas a un coste superior al de un productor que consuma grandes cantidades de la misma materia.

- Economías de ámbito: cuando el coste de producir de forma conjunta dos o más bienes en las mismas instalaciones o estructuras es inferior al existente si se producen de forma separada. Un ejemplo es el de un comercio que incluye nuevas secciones, cuyo coste de implantación es inferior al de abrir un nuevo punto de distribución.

- Economías de densidad: existe un ahorro en los costes de distribución de un bien derivados del incremento del número de usuarios de una zona geográfica. Especialmente, el coste medio del servicio se reduce cuando aumenta la concentración geográfica de la demanda. Un número elevado de clientes en un área geográfica concreta permite ahorrar costes de distribución respecto de quienes han de realizar rutas de largo recorrido para atender a un único cliente.

- Economías de secuencia: aparecen cuando el coste de fabricar productos integrados en una estructura vertical (que suele denominarse cadena productiva) es inferior al de hacerlo fuera de dicha estructura productiva. Construir las diversas piezas de un mecanismo en una cadena de montaje única implica un coste de producción inferior al de instalar una cadena de montaje para realizar cada pieza y efectuar el montaje final en otro procedimiento productivo.

Imagen 3.3. Los gastos de distribución son claves en el cálculo de la rentabilidad de una empresa.

- **Estratégicas:** son las creadas por las empresas en base a acciones estratégicas como muestra de lo que se denomina «competencia dinámica». Esto es, las acciones que desarrolla una empresa para consolidar su posición en el mercado. La mayoría de las acciones desarrolladas por las empresas en este aspecto hacen referencia a la necesidad de efectuar un alto nivel de inversiones por parte de los nuevos participantes en el mercado. Existen diversas opciones:

  - Precio: supuesto en el que la empresa dominante en el sector establece un nivel de precios suficientemente bajo como para hacer menos atractivo el mercado para los nuevos participantes.

  - Capacidad: principio del tamaño mínimo eficiente. En este caso, la barrera viene representada por la necesidad de contar con un determinado volumen de ventas para hacer rentable una actividad económica. Si el operador previo del mercado deja poco margen de actividad para nuevos actores en el sector, eso dificulta la entrada de nuevos competidores. Es el supuesto de una tienda de un cierto sector en una localidad pequeña en la que queda poco margen para que el nuevo operador cuente con un volumen de ventas que haga rentable su negocio.

  - Inversiones en investigación y desarrollo: cuando se requiere contar con un alto nivel de tecnología para entrar en una nueva actividad económica en un determinado mercado, y, más aún, cuando el acceso a esas tecnologías no es libre por cuestiones de acceso a licencias o similares, así como cuando la I+D requerida para desarrollar la actividad económica es muy importante, aparecen barreras de entrada.

  - Vinculación de los clientes: cuando las empresas establecen programas de fidelización para los clientes que suponen para ellos un coste importante de cambio de empresa proveedora; sería el supuesto de los clientes que, si cambian de empresa a la que compran sus productos, pierden las ventajas derivadas de ser cliente de la anteriormente existente.

  - Prestigio de la empresa: en algunos sectores se requiere un prestigio previo para conseguir contar con la confianza del público, y sin dicha confianza es muy difícil alcanzar un éxito comercial a pesar de que el nuevo operador económico cuente, objetivamente, con una calidad de servicio igual o mejor que los anteriores participantes en el mercado (algunos servicios sanitarios o consultorías).

  - Control de recursos esenciales: cuando ciertos recursos con los que debe contarse para desarrollar una actividad económica no se encuentran libremente disponibles en el mercado se dificulta o incluso se impide la entrada de competidores. Por ejemplo, una localidad en la que no existen terrenos suficientemente grandes para la instalación de una nueva empresa que requiere grandes superficies de terreno.

- Irreversibilidad de las inversiones: cuando las inversiones precisas para desarrollar un negocio tienen un carácter irreversible, se convierte dicho hecho en una barrera de entrada. Toda vez que los candidatos a participar en el mismo asumen un riesgo económico superior al que existiría en el caso de que esas inversiones pudiesen ser empleadas en otro mercado en caso de que la actividad económica no fuese exitosa.

Los emprendedores deben ser conscientes de los recursos económicos con los que cuentan, tanto los propios como aquellos que pueden obtener de terceras personas o entidades, públicas y privadas. Del mismo modo que las ideas de negocio han de ser sometidas a un análisis crítico para determinar su viabilidad, también es necesario determinar con la mayor precisión posible la capacidad de los emprendedores para afrontar las inversiones requeridas para hacer viable el negocio. Una empresa que surge de una idea excelente se puede convertir en un fracaso cuando no se cuenta con las capacidades económicas suficientes y el negocio se ve obligado a cesar sus actividades como consecuencia del sobreendeudamiento. En ocasiones, las previsiones de costes son excesivamente conservadoras o apartadas de la realidad, por lo que cuando la empresa se convierte en un hecho y ha de hacer frente a las inversiones y gastos que se requieren para desarrollar su actividad, se ven ahogadas por requerimientos financieros que no habían sido incluidos en las previsiones económicas previamente realizadas, con el consiguiente problema económico derivado de esa escasez de recursos financieros.

La situación de desequilibrio económico implicará la necesidad de acudir a los fondos propios de los emprendedores o a financiación externa. En el caso de los fondos propios, es evidente que la capacidad económica de los emprendedores es limitada y que las nuevas cantidades que son precisas pueden encontrarse alejadas de sus posibilidades o, en otro caso, del importe que están dispuestos a invertir en el negocio, teniendo presente el riesgo inherente a la actividad empresarial, más aún cuando la misma está comenzando.

Si se opta por la financiación externa para solucionar el desequilibrio, existen dos posibilidades diferenciadas en que supongan o no un coste financiero.

1. Sin coste financiero: en el caso de que el emprendedor cuente con apoyos de su entorno personal, es posible que no exista un coste financiero asociado a tal aportación económica. Igual situación puede producirse en el caso de determinados préstamos o créditos otorgados o subvencionados por entidades

de fomento de la actividad empresarial, bien durante la totalidad de la existencia de dicho instrumento financiero o bien durante los primeros años, mientras exista un periodo de carencia en el abono de intereses.

2. Con coste financiero: por el contrario, en la mayoría de las ocasiones, el emprendedor tendrá que enfrentarse a unos costes financieros en forma de intereses y comisiones de diversos tipos que incrementarán los recursos que tendrá que obtener del ejercicio de la actividad empresarial para poder hacer frente a los costes propios de la misma y lograr el nivel de rentabilidad deseado.

Imagen 3.4. A la hora de determinar la entidad financiera con la que desarrollar la actividad empresarial, es preciso tener en cuenta los intereses y comisiones aplicados.

Este coste se puede ver incrementado en un porcentaje elevadísimo en el supuesto de que el empresario opte por acudir a vías de financiación alejadas del sector financiero tradicional y en las que se aplican unas tasas de interés y unas condiciones de financiación e intereses que provoquen el desequilibrio de cualquier previsión que los emprendedores hayan llevado a cabo.

En el supuesto de que haya de hacerse frente a requerimientos de capital que no puedan ser afrontadas, el empresario deberá reflexionar acerca de si procede continuar con la actividad en la dimensión inicialmente planeada y afrontar los mismos o, por el contrario, reducir la misma al volumen que pueda ser desarrollado con los recursos económicos con los que se cuente y postergar para un momento posterior la ampliación del volumen del negocio hasta que se cuente con los suficientes recursos financieros.

La búsqueda de financiación

Una vez que se han determinado los requerimientos financieros que precisa el inicio de la actividad económica, se hace preciso conseguir los recursos económicos necesarios para desarrollarla. En ocasiones, será suficiente con las capacidades económicas propias de los emprendedores y en otras habrá de contarse con terceras personas, físicas o jurídicas, que contribuyan con financiación a desarrollar la actividad empresarial.

Materialización de la idea del negocio en una realidad

El desarrollo de la actividad empresarial va a requerir unos recursos financieros con los cuales poder llevar a cabo los proyectos que ha planteado el emprendedor. Las fuentes pueden dividirse en dos categorías distintas:

Fuentes de financiación internas:

La financiación de la empresa se subdivide en dos categorías:

- El **capital social**: formado por las aportación de los socios al comenzar la actividad empresarial, el cual aparece dividido en participaciones en las Sociedades Limitadas (S.L.) y en acciones en el caso de las Sociedades Anónimas (S.A.). Suele ser un valor fijo, pero se puede alterar mediante la emisión de nuevas acciones o incrementando el valor de las existentes (ampliación de capital). Es imprescindible un valor mínimo para constituir una sociedad, 1 € en S.L. y 60 000 € en S.A., respetando estos límites, el capital puede sufrir ampliaciones o reducciones a lo largo de la vida de la empresa.

- La **autofinanciación**: constituida por la financiación que la empresa realiza por sus propios medios, es la obtención de recursos financieros a partir de los beneficios. Las utilizadas con mayor frecuencia en las pymes son las amortizaciones (deducción del capital fijo generada por la pérdida de valor sufrida por los bienes de la empresa), las provisiones (retención de una fracción de los beneficios empresariales con el fin de constituir fondos de reserva para responder frente a las deudas o pérdidas de la empresa) y las reservas (recursos generados por la empresa para incrementar su capacidad productiva, se trata de beneficios retenidos con este objetivo).

Autofinanciación de mantenimiento

La autofinanciación de mantenimiento, que integra las provisiones y las amortizaciones, se nutre de recursos producidos por la propia empresa con el fin de mantener el valor de sus activos. Se trata de fondos que aseguran que se sostenga la empresa a través del mantenimiento del patrimonio que la misma posee.

Las provisiones son fondos que representan obligaciones expresas o tácitas, pero que en la fecha de cierre del ejercicio resultan indeterminadas en lo que se refiere a su importe concreto o al momento temporal en que se producirán.

Las amortizaciones productivas representan la depreciación que efectivamente experimentan los bienes de inmovilizado tangible, intangible e inmobiliario. Se trata de imputar al beneficio de cada uno de los ejercicios económicos la depreciación sufrida en ese ejercicio concreto por parte de los activos no corrientes.

Autofinanciación de enriquecimiento

Ventajas
1. Otorga una cierta autonomía respecto a las directrices del sistema financiero y a las normativas acerca del otorgamiento de crédito por parte de las entidades que lo integran.
2. El valor en libros contables de la empresa se incrementa desde el momento en que si se opta por no repartir dividendos y autofinanciar la empresa con estos recursos.
3. No supone un coste directo para la empresa, en términos financieros, evitándose tanto los intereses como las comisiones.
Desventajas
1. Implica un coste de oportunidad financiero, toda vez que se pierde el rendimiento que podría obtenerse de invertir los fondos en otras actividades enonómicas o en productos financieros.
2. El hecho de que no suponga un coste financiero directo facilita el que se realicen inversiones menos rentables, toda vez que parece tener un coste mínimo para la empresa.
3. Si se reduce la rentabilidad del accionista vía dividendo, el atractivo de la empresa como objeto de los inversores se reducirá en gran medida.

La autofinanciación de enriquecimiento se nutre de recursos generados por la propia empresa cuya finalidad es aumentar su capacidad productiva. La misma se constituye por los beneficios que han sido retenidos, es decir, por las reservas, clasificadas en legales, voluntarias, especiales y por pérdidas y ganancias, fundamentalmente. La financiación de una empresa mediante el recurso a sus reservas, plantea una serie de ventajas e inconvenientes que han de ser analizados por la empresa a la hora de decidir el empleo de las mismas.

Fuentes de financiación externas:

Préstamo

Se trata de un contrato mediante el cual una entidad presta a la empresa una determinada cantidad de dinero, de acuerdo a una serie de estipulaciones acordadas, existiendo el compromiso por parte de la empresa de devolver tanto el dinero recibido en préstamo como los intereses acordados contractualmente.

El préstamo requiere de un estudio previo por parte de la entidad financiera en orden a determinar la solvencia de la empresa a la hora de devolver el mismo, normalmente basados en sistemas de *scoring*, en el que se valora la viabilidad de la operación de acuerdo con una serie de criterios.

Pueden clasificarse en función de su plazo en «a corto plazo», cuando han de ser devueltos en un plazo inferior o igual a un año y en «a largo plazo», cuando superan el año como periodo de devolución del importe. Cabe la existencia, en préstamos a largo plazo, de periodos de carencia en los que no procederá la devolución del capital inicialmente concedido, pero sí corresponderá proceder a la devolución de intereses, que se seguirán devengando.

Crédito

Mediante esta figura, denominada póliza de crédito, una entidad financiera pone a disposición de una empresa una cierta cuantía económica, durante un periodo de tiempo determinado, de la cual podrá disponer de acuerdo a sus necesidades financieras. La empresa habrá de abonar un interés pactado por el importe que haya sido dispuesto y una comisión de disponibilidad, la cual se determina en función del saldo medio no dispuesto, y se abona por la parte del crédito que haya sido contratado y no utilizado. Es un instrumento de uso generalizado por parte de las empresas, para gestionar adecuadamente su tesorería, siendo lo más interesante para el empresario que la póliza de crédito no sea contratada a un plazo muy corto de tiempo, ya que las comisiones de apertura supondrían un encarecimiento del coste financiero de la misma.

	Préstamo	Crédito
Finalidad	Financiar compras de elementos del activo inmovilizado.	Financiar activo corriente y necesidades de tesorería.
Disposición de fondos	Se efectúa de una única vez cuando el préstamo se otorga.	Consiste en una línea de financiación otorgada por un importe máximo del que la empresa dispondrá en función de sus necesidades.
Pago de interés	Se abonan por la totalidad del importe del préstamo.	Se abonan por la cantidad dispuesta del crédito, además de una comisión de no disponibilidad por el saldo del crédito no dispuesto.
Cuotas	La cuantía de los mismos y la fecha de su abono se fijan desde el primer momento.	Dentro del límite temporal fijado por el contrato, el cliente decide el ritmo de devolución de la cantidad dispuesta.
Cancelación anticipada	Dentro de los límites marcados en el contrato, esta devolución es posible abonando las comisiones establecidas.	No existe límite a esta devolución, sin tener que abonar comisiones por la operación.
Vencimiento	Con el abono de la cuota final del préstamo, el mismo llega a su vencimiento.	El contrato de crédito puede ser renovado tras su finalización, en caso de acuerdo entre las partes, de forma expresa o tácita.

Descuento comercial

A través del descuento comercial, la entidad financiera permite a la empresa hacer efectivos los derechos de cobro que la misma tiene con respecto a sus clientes y que figuran en documentos, denominados generalmente efectos comerciales, que aún no han vencido. La entidad financiera abona de forma anticipada a la empresa el importe íntegro de los efectos comerciales, percibiendo a cambio unos intereses. Puede referirse a un documento puntual o bien mantener una línea de descuento, que mantiene similitud con el concepto y funcionamiento de una línea de crédito. A pesar de ello, el riesgo del impago del efecto comercial permanece en la empresa, de forma que si no fuese satisfecho en el momento de su vencimiento, la entidad financiera cargará a la empresa el importe del efecto, junto con las demás comisiones que hayan sido generadas por el impago.

Factoring

Contrato mediante el que una empresa cede, de forma total o parcial, la gestión de su cartera de cuentas que cobrar a una sociedad de *factoring,* especializada en el cobro de dichos créditos, permitiendo de este modo anticipar el cobro efectivo de esos créditos. El citado servicio generará unos costes financieros para la empresa en forma tanto de intereses como de comisiones. Existen, fundamentalmente, dos versiones de este sistema:

- *Factoring* sin recurso: en este caso, la empresa cede el crédito a la entidad financiera, la cual asume el riesgo del posible impago de dicho crédito, previo el correspondiente estudio de la solvencia de la persona o empresa que debe satisfacer el crédito. A cambio de esta traslación del riesgo de la empresa a la entidad financiera, los costes derivados de esta operación se incrementan de forma considerable.

- *Factoring* con recurso: en esta versión del *factoring,* el riesgo del impago del crédito permanece en la empresa que cedió el crédito a la entidad financiera. En el supuesto de que el crédito no sea abonado, será la empresa la que deberá realizar las acciones legales precisas para cobrar dicho crédito. El coste de esta figura es muy inferior al aplicable en el caso del *factoring* sin recurso.

Confirming

Es un contrato mediante el que una empresa cede a una entidad financiera la gestión de sus obligaciones de pago a proveedores. La entidad gestionará estos pagos, asegurando el cobro a los acreedores, a la vez que les facilita adelantar el cobro del importe de las facturas en una fecha previa a su vencimiento.

Imagen 3.5. El *confirming* es un mecanismo que mejora la gestión financiera de una empresa. Fuente: www.bancosantander.es.

Los proveedores serán informados por parte de la entidad financiera de que el cliente ha ordenado que le sea abonada una cuantía concreta en una fecha precisa. Una vez recibida dicha comunicación, existen dos alternativas:

- Que la entidad financiera anticipe el citado cobro, lo que va acompañado de la cobertura del riesgo de impago, de forma que los proveedores tienen asegurado el cobro del citado importe. Esta operación supone la aceptación de una serie de condiciones contractuales.

- Que la entidad financiera no anticipe el cobro. En este supuesto, se abonará en la fecha de vencimiento, no siendo aportada por parte de la entidad financiera ninguna cobertura del riesgo de impago.

Es un sistema que reduce de forma sustancial la carga administrativa de la empresa, en tanto en cuanto la gestión de los pagos queda dentro del ámbito de la entidad financiera, además de suponer una mejora en la relación comercial existente entre la empresa y sus proveedores debido a las ventajas que hay para estos.

Leasing

También denominado arrendamiento financiero, se trata de un contrato mediante el cual, el arrendador cede el derecho de uso en relación con un bien (mueble o inmueble) a cambio del pago de una cuota periódica durante un plazo previamente determinado al final del cual, el arrendatario, puede optar entre adquirir el bien arrendado abonando el precio acordado, proceder a la renovación del contrato o devolver el producto al arrendador.

En este contrato toman parte tres agentes económicos distintos: la empresa que necesita el bien objeto de arrendamiento, la empresa que fabrica o posee el bien y la empresa de *leasing.* La tercera es una institución financiera que financia la compra del bien y lo pone a disposición de la empresa-cliente a cambio de un alquiler.

La duración del contrato de *leasing* suele ser coincidente con la vida útil del bien arrendado. Las cuotas de *leasing* están constituidas por la amortización del bien, los intereses del capital, así como el abono de la prima que cubre el posible incumplimiento del pago por parte de la empresa arrendataria, así como los gastos de gestión.

Renting

Tiene grandes similitudes con el *leasing.* Consiste en un contrato de arrendamiento en el que no existe la opción de compra por lo que el bien no llega a pertenecer a la empresa. Las cuotas del *renting* habitualmente son más altas que las del *leasing* ya que en las mismas están incluidas, además del arrendamiento, los gastos derivados del uso del bien (mantenimiento, reparaciones, seguros...).

3.1.2.1. Conocimiento del mercado

Es preciso que el emprendedor tenga adecuadamente definido el mercado al que se va a dirigir, así como el conjunto de necesidades que existen en el mismo y que la empresa va a intentar satisfacer. Sin dicha información, no es posible desarrollar un plan de *marketing* y de ventas que se ajuste a la realidad, por lo que ha de recopilarse la información necesaria acerca de lo que el público objetivo espera y precisa. Estos clientes pueden ser personas físicas o jurídicas. En el caso de las personas físicas, puede tratarse de un grupo caracterizado por contar con una afición, una profesión o un nivel social o educativo similar. En el supuesto de las personas jurídicas, su punto en común puede ser el sector en el que desarrollan sus actividades o la zona geográfica en que se encuentra su sede. Es importante concentrar los esfuerzos de presentación de la empresa en los grupos de clientes entre los que se espera obtener una mayor tasa de respuesta, si bien en muchas ocasiones no resulta sencillo para el emprendedor determinar este grupo de clientes objetivos. Una vez determinados los grupos, habrá que estimar las necesidades que los mismos tienen, así como el modo en que la empresa puede ayudar a satisfacer las mismas. Teniendo presente estos datos, será posible llevar a cabo la redacción de los mensajes publicitarios más adecuados para que los mismos alcancen el mayor grado de eficacia ante estos grupos.

Para estimar la demanda que va a soportar la empresa, un procedimiento eficaz es reunirse con una representación de los clientes objetivos a los que la misma va a dirigirse, los cuales pueden exponer sus ideas acerca de las necesidades que tienen, de modo que pueda la empresa realizar una adecuada proyección de las ventas que puede estimarse que se vayan a producir.

Es un modo muy eficaz de obtener un conocimiento preciso de la situación del mercado, lo que permitirá a los emprendedores tener presente la realidad con la que se va a encontrar a la hora de comercializar sus productos o servicios. Se podrán conocer tanto las necesidades de las empresas en términos cuantitativos como las condiciones en que se están comercializando los productos de la competencia, así como las condiciones de posventa y financieras que deberán ser ofrecidas a los clientes potenciales para poder consolidar el negocio.

El conocimiento de los competidores es fundamental, puesto que va a compartirse el mercado con ellos. Debe tenerse presente el tipo de productos o servicios que sitúan en el mercado, así como las condiciones en las que lo hacen. Es preciso que el emprendedor conozca la realidad a la que se va a enfrentar, de modo que tenga la posibilidad de ajustar las condiciones en las que pretende operar en el mercado a lo que el conjunto de los clientes demandan. Ello requerirá por parte del emprendedor un esfuerzo para conocer en detalle al resto de oferentes, lo que es un factor que contribuye al éxito de la empresa, puesto que actuar sin tener en cuenta los competidores puede llevar a la empresa al fracaso. Puede presentarse al mercado una oferta en la que se haya hecho un esfuerzo importante, pero, si no resulta competitiva, es necesario plantearse si se debe seguir adelante con el proyecto, si se deben realizar modificaciones o incluso si se debe cancelar la actividad emprendedora.

En otro sentido, el emprendedor va a necesitar de la participación de otros empresarios que desempeñan la función de proveedores, que le va a proporcionar los diversos bienes y servicios que precisa para el desarrollo de su actividad económica. Deben conocerse en detalle las condiciones que aplican, lo que permitirá hacer las previsiones de costes de producción de forma mucho más precisa. Pueden aparecer situaciones tales como que los precios a los que se comercializan los productos varían en función del volumen de compra, lo que puede suponer para un emprendedor el contar con una estructura de costes que hagan imposible que el empresario sea competitivo en el mercado en el que aspira a participar.

Así pues, el empresario deberá estudiar los diversos canales a los que puede acceder para obtener los productos que comercializar, por ejemplo, eliminando intermediarios mediante la compra directa al fabricante a través de internet puede obtener mejores precios, con lo que será más competitivos en el mercado. Del mismo modo, habrá de analizar los distintos proveedores de servicios a los que tendrá que recurrir, tales como los comercializadores de seguros, licencias informáticas, suministros de energía, etc. que supondrán unos importes para el emprendedor con los que ha de contar a la hora de determinar sus costes y que deberá gestionar de forma que obtenga los costes más reducidos posible.

Imagen 3.6. Para una empresa, por ejemplo, un restaurante, es fundamental la correcta selección de proveedores.

En determinados casos, deberá plantearse la entrada en sistemas de compra conjunta, del estilo de las centrales de compra, que permitirán a los pequeños emprendedores acceder a productos y servicios a precios competitivos. Deberá igualmente buscarse los proveedores que ofrezcan los bienes y servicios más adecuados a las necesidades productivas de la empresa, de forma que se puedan llevar a la práctica los proyectos del emprendedor con la mayor precisión respecto de los planes inicialmente diseñados. Sería el ejemplo del empresario que desea ofrecer un producto de gran calidad que se diferencie del conjunto de sus competidores y para lo que va a precisar de unas materias primas igualmente de calidad excepcional sin las que sus proyectos no podrían llevarse a la práctica.

Una correcta elección de los proveedores por parte de la empresa dará como resultado la obtención de una ventaja competitiva respecto de los demás operadores en su mercado, le permitirá trabajar con costes más reducidos y mejores condiciones en cuanto a la recepción de los productos y servicios que nutren su empresa.

Una correcta estrategia de comercialización permitirá a la empresa poder aprovechar la totalidad de las oportunidades que le ofrezca el mercado, a superar las amenazas con las que pueda encontrarse, así como enfrentarse a los desafíos que se le presentarán de forma continuada. El emprendedor habrá de adoptar las decisiones precisas para que el producto o servicio que desarrolle llegue al mercado de la forma más eficaz posible. Las estrategias de comercialización hacen referencia a la totalidad del procedimiento de venta de un producto o servicio, es decir, desde la negociación de las condiciones contractuales de la venta hasta la determinación de los mercados en los que se distribuirá, así como las cantidades que comercializar en cada uno de esos mercados o los sistemas logísticos que se emplearán para situar los productos en manos de sus clientes.

El diseño de una estrategia de comercialización eficaz requiere que se consideren cuatro variables:

- El momento en que se lleva a cabo la comercialización del producto o servicio.

- Los lugares en los que se va a llevar a cabo dicha comercialización.

- El mercado al que se desea acceder, el público que se considera objetivo para la empresa.

- Los medios que se emplearán para llevar a cabo este proceso.

Los productos y servicios que se ofrecen en el mercado, los mecanismos de promoción que se utilicen para darlos a conocer y los canales de venta empleados han de guardar entre sí la máxima coherencia para que el mensaje que se desea transmitir al cliente respecto de la imagen de la empresa llegue sin contradicciones.

3.1.2.2. Estudio técnico de los procesos que conforman el negocio

El estudio técnico es el documento mediante el que se expone la capacidad productiva de la que dispone la empresa (máquinas, equipamiento, personal, propiedad industrial, instalaciones), los recursos que están siendo utilizados para el desarrollo de la actividad productiva, así como la determinación de los costes que supone cada uno de los procedimientos que desarrolla la empresa. Sirve para determinar la posibilidad de fabricar el producto o prestar el servicio en cuestión por parte de la empresa, así como los medios humanos y materiales que serán precisos para llevar a cabo el citado proceso.

Es preciso confeccionar el estudio técnico, del mismo modo que se lleva a cabo el plan de empresa, para determinar la viabilidad o no del proyecto empresarial, ya que una idea empresarial puede ser excelente en el proyecto, pero convertirse en inviable de llevar a la práctica, bien por cuestiones de capacidad técnica de la empresa, si no se cuentan con los recursos precisos para desarrollarlos, o bien por razones económicas, si los costes derivados del proceso productivo concreto implicase la necesidad de comercializar el producto o servicio a un precio que el cliente no estaría dispuesto a aceptar.

El punto de inicio del estudio técnico relativo a un proceso es el establecimiento de un cronograma del mismo, de modo que se señalen las diferentes fases por las que atravesará el mismo, desde el momento en que lleva a cabo el primer paso que inicia el proceso hasta que se encuentra en situación de ser adquirido o contratado por el cliente. Por ejemplo, en el caso de una empresa de consultoría que se dedica a diseñar proyectos industriales, el primer paso sería la compra o alquiler de la sede de la empresa. Cada una de las fases ha de venir claramente diferenciada, de manera que se muestre de forma nítida el periodo temporal que supondrá cada una de las fases del proyecto.

La segunda fase sería la determinación del lugar en el que se va a llevar a cabo el desarrollo de la actividad económica, debiendo detallar de forma precisa este punto geográfico. Es básico que el emprendedor reflexione acerca del punto desde el que va a llevar a cabo su actividad económica. En ocasiones, será preciso instalar la sede en un lugar muy costoso, para acceder a un público de un determinado estatus social, sin embargo, en el supuesto de otras empresas, la cercanía a los suministradores de materias primas, la necesidad de contar con un amplio espacio de almacenamiento al mínimo precio o el hecho de contar con unas comunicaciones por carretera excelentes puede representar la ventaja diferencial de una determinada ubicación respecto a otras posibles ubicaciones.

Complementariamente a estos criterios, deben analizarse las infraestructuras con las que cuente la estimada ubicación del negocio, como puede ser el contar con un determinado ancho de banda, o con unas infraestructuras en cuanto al suministro de agua o electricidad. Otros factores serán la legislación aplicable en el lugar en que se establece (nivel impositivo, legislación ambiental), cercanía a los clientes objetivos, tipo de construcciones que existen en la zona, entorno de la zona (importante en casos de producciones industriales o en supuestos en que se generan ruidos, humos o residuos tóxicos, por ejemplo).

Imagen 3.7. La selección del lugar en el que se instalará la empresa debe realizarse combinando diversos criterios en función del tipo de negocio del que se trate.

Otra fase es la de determinar la tecnología que será precisa para llevar a cabo las actividades que se van a desarrollar. La tecnología incluye tanto los equipamientos precisos para llevar a cabo las actividades como las licencias de uso de programas informáticos o patentes que sean necesarias en el proceso productivo. Deben incluirse en este apartado desde equipamientos industriales hasta los equipos informáticos, además de las partidas relativas a propiedad industrial necesarias para el desarrollo de la actividad económica.

Posteriormente se habrán de exponer las necesidades humanas existentes, es decir, el número de personas requeridas para gestionar el proceso productivo, así como la cualificación profesional precisa para desempeñar cada uno de los puestos de trabajo y la cuantía tanto salarial como de seguros sociales que supondría la contratación de dicho personal, que determinará los costes que puede asumir la empresa para desempeñar sus actividades.

En este apartado habrá que diferenciar entre lo que se denomina mano de obra directa (es decir, el personal que participa de forma directa en la realización del concreto proceso productivo) y la mano de obra indirecta (el personal que presta un apoyo indirecto al mismo, que es el caso del personal de servicios generales de la empresa, es decir, contabilidad, recursos humanos, mantenimiento, etc.).

Las materias primas de un proceso productivo se incluirán en un apartado diferenciado del estudio técnico, debiendo hacer una descripción precisa de las mismas, tanto respecto de sus cualidades físicas como en relación con el modo en que serán almacenadas, su vida útil, la facilidad o no con la que se pueden obtener, así como la posible existencia de alternativas para el caso de que una determinada materia prima no se encuentre disponible o alcance precios que distorsionen la variable precio dentro de la estructura de *marketing* de la empresa.

Del importe total que se calcule para los diversos apartados podrá derivarse la imposibilidad de desarrollar los planes inicialmente previstos o, en otros casos, la necesidad de buscar otras alternativas que reduzcan los costes necesarios, toda vez que las inversiones necesarias para desarrollar los proyectos iniciales superan los montantes estimados y hacen inviable el desarrollo de esas ideas. La dificultad puede radicar en que se determine que el coste de poner en el mercado un producto o servicio supera los precios que el mercado está dispuesto a asumir. Por ejemplo, en ocasiones, el coste de los suministros para una pequeña empresa hace que no pueda competir con grandes empresas, que acceden a las materias primas a coste muy inferior en base al principio de «economías de escala», es decir, las reducciones de costes que una empresa obtiene en función del incremento de su volumen de negocio. Este factor reduce el coste medio de cada unidad producida a medida que la producción se hace mayor. La clave de las economías de escala radica en realizar las actividades productivas de un modo eficiente. Las vías más habituales de economías de escala se encuentran en las compras (compra de productos en grandes volúmenes de materiales mediante contratos a largo plazo), de instalaciones (el coste de realizar la instalación y mantenimiento de la maquinaria no varía en función del porcentaje de utilización de la misma con independencia de que se empleen o no en su totalidad su capacidad productiva), en materia financiera (acceso a una mayor cartera de productos tanto de inversión como de financiación y obtención de mejores condiciones en materia de comisiones e intereses) o *marketing* (consiguiendo que el coste de *marketing* imputado a cada unidad vendida sea más reducido). En otro plano, la experiencia derivada de un mayor volumen de producción va a generar en la plantilla de trabajadores un mayor conocimiento de los procedimientos de trabajo con el correspondiente incremento de la productividad.

Finalmente, habrá de describirse en detalle el proceso de producción, desde el momento en que la materia prima es adquirida hasta que esta se convierte en un producto terminado y se pone a disposición del comprador o, en otro caso, desde que un cliente solicita un determinado servicio hasta que se lleva a cabo la finalización del mismo.

Como fase final se deberá hacer un estudio en el que se relacione la capacidad instalada con la que es efectivamente utilizada en cada proceso productivo, de modo que se pueda determinar la capacidad de producción real con la que se cuenta, es decir, la cantidad de producción (entendida tanto en términos de productos materiales terminados como de servicios profesionales que pueden ser prestados en función del equipo tanto material como humano con el que se cuente). Como ejemplo puede señalarse la cantidad de evaluaciones de impacto ambiental que una consultoría medioambiental puede gestionar de forma simultánea o el número de sillas que un taller de carpintería puede producir al cabo de un mes, bien considerando la fabricación en el mismo de un único modelo de mueble o, en otro caso, compaginándolo con otros modelos diferentes al mismo tiempo.

Para la tarea de describir las distintas fases que supone la realización de un determinado proceso productivo existen en la actualidad diferentes aplicaciones informáticas entre las que cabe mencionar Microsoft Project, que permite la planificación de los diversos proyectos, así como la eficaz asignación de los recursos productivos para desarrollar los mismos.

Coste de la inversión: activos fijos o tangibles e intangibles y capital de trabajo realizable, disponible y exigible

La puesta en marcha de la actividad empresarial va a requerir una serie de inversiones que serán diferentes en cuanto a su importe y respecto a su distribución en función del tipo de empresa que se pretenda constituir. Obviamente, las empresas tendrán una dimensión mayor o menor, que implicará la necesidad de contar con los recursos precisos para cubrir dichas necesidades de financiación y, por otro lado, de acuerdo a la actividad que se vaya a desarrollar, el tipo de necesidades serán diferentes. En algunos casos será preciso destinar un importante porcentaje de la inversión global a activos fijos, como pueden ser inmuebles o instalaciones; en otros, la mayor parte de la inversión se destinará a activos intangibles tales como licencias para el uso de programas informáticos y, finalmente, existirán supuestos en los que, debido a que se requiere un uso de mano de obra intensiva, la mayor parte de los recursos financieros tendrán por objeto la contratación de personal.

Los activos de una empresa se clasifican en dos grupos: activo fijo y activo corriente. La diferenciación entre los elementos que integran cada uno de los grupos se encuentra en la función que desempeña en la actividad empresarial. Así, una mesa de la oficina de la empresa se considerará activo fijo, sin embargo, en el caso de una empresa que vende muebles, se consideraría activo corriente desde el momento en que su objetivo es ser comercializado por parte de la empresa.

Los activos fijos pueden definirse como aquellos bienes que la empresa emplea en el desarrollo de sus actividades ordinarias. Su vida útil debe ser superior al año, diferenciándose, por tanto, de los bienes que son consumidos dentro del ciclo ordinario de funcionamiento de la empresa. La vida útil de un activo fijo cabe definirse como el periodo durante el cual el bien en cuestión va a servir para cumplir con las funciones para los cuales fue adquirido. La misma se expresa en unidades de medida diferentes en función del tipo de bien a que se

Imagen 3.8. Una nave industrial o la maquinaria son ejemplos de activos fijos.

refiera. Así, en el caso de un inmueble, se manifiesta en años, en el supuesto de maquinaria, por horas de uso o unidades producidas o, respecto a vehículos, en kilómetros recorridos. La vida útil de un bien depende de dos factores, de un lado los materiales (desgaste derivado del empleo de los bienes durante un determinado periodo de tiempo) y, de otro lado, de factores operativos (pérdida de capacidad de uso derivada de que el producto se considere obsoleto y deje de ser válido para desarrollar las funciones para las que fue adquirido, con independencia de que el bien se encuentre en buenas condiciones de uso. El ejemplo más claro es el de los equipamientos o aplicaciones informáticos, que, aun estando en buen estado de utilización, ya no resultan válidos para ser empleados en el ciclo productivo de la empresa, a pesar de que su estado de funcionamiento sea todavía muy adecuado).

Los activos fijos están igualmente integrados por las inversiones en activos financieros que tengan un periodo de vencimiento o de realización previsto en un plazo superior al año.

El activo fijo puede clasificarse en:

- Inmovilizado material: bienes que tienen vocación de permanencia a largo plazo en la empresa y que tienen un carácter material (p. ej.: construcciones, instalaciones, mobiliario).

- Inmovilizado inmaterial: bienes inmateriales que permanecen en la empresa por un periodo superior a un año, como pueden ser marcas, derechos de propiedad industrial (como las patentes), concesiones administrativas (el derecho a desarrollar un determinado servicio público desarrollado en régimen de concesión).

- Inmovilizado financiero o inversiones financieras permanentes. También tienen el carácter de inmateriales, pero son bienes de naturaleza financiera. Sería el ejemplo de una empresa que adquiere como inversión financiera Deuda Pública con un vencimiento superior a un año o del otorgamiento de una financiación por parte de la empresa a un cliente para la adquisición de un bien cuando el plazo de devolución de dicha financiación supera el periodo de un año.

El activo corriente es aquel que la empresa espera vender, consumir o realizar en el transcurso del ciclo normal de explotación, que con carácter general, no excederá del año, más cualquier otro activo diferente de los anteriores cuyo vencimiento, enajenación o realización se espera que se produzca en el corto plazo, es decir, en el plazo máximo de un año contando a partir de la fecha de cierre del ejercicio, más los activos financieros clasificados como mantenidos para negociar, más el efectivo y otros activos líquidos equivalentes.

El activo corriente está formado por los siguientes cuatro apartados:

- Existencias: constituidas por los bienes cuyo periodo de permanencia en una empresa es inferior a un año. Integran este apartado, por un lado, los elementos que la empresa requiere para desarrollar su actividad tales como el material empleado en la oficina o el combustible de los vehículos. Debe tenerse presente que, para que estos bienes tengan el carácter de «existencias» han de permanecer temporalmente en la empresa. Adicionalmente, una parte importante de los bienes que integran este apartado varía en función del tipo de empresa de que se trate. Así, en las empresas que fabrican productos se incluyen las materias primas, con las que se desarrolla el proceso productivo y los productos acabados, obtenidos tras el desarrollo de la actividad industrial. En otro caso, en las empresas que desarrollan actividades de comercio, las existencias o mercaderías están formadas por los bienes que se adquieren con el objetivo de ser vendidos.

- Deudores: formado por los derechos de cobro que se generan al llevar a cabo la venta de productos o servicios por parte de la empresa. Son derechos de cobro por haber vendido a crédito cualquier existencia, o por haber prestado servicios, constituyan o no la actividad principal de la empresa.

- Circulante financiero: tal como se indicaba respecto al inmovilizado financiero, se trata de inversiones financieras de plazo no superior a un año tales como inversiones en activos financieros o financiaciones otorgadas a clientes.

- Tesorería: incluye las cuentas que registran los recursos de liquidez inmediata, total o parcial, con que cuenta la empresa y puede utilizar para fines generales o específicos, entre los que se incluye la caja, los depósitos en bancos y otras entidades financieras.

3.1.3. ¿Puedo lograrlo? ¿Qué alternativas tengo?

El modelo DAFO es una de las herramientas más efectivas para determinar la viabilidad de un modelo de negocio, por ello, los emprendedores han de dedicar el tiempo necesario para recopilar toda la información que el citado modelo requiere. El análisis de los resultados será relevante para que el emprendedor adquiera una visión de conjunto tanto sobre los aspectos internos como externos de la idea de negocio.

Utilidad y limitaciones

El denominado análisis DAFO (debilidades, amenazas, fortalezas y oportunidades) es también descrito por algunos autores como análisis FODA y llamado en inglés SWOT *(Strengths, Weaknesses, Opportunities and Threats)*. Dentro de estas cuatro variables hay que diferenciar claramente dos grupos. De un lado, el formado por las debilidades y las fortalezas, que hacen referencia a factores internos de la empresa y, de otro lado, las oportunidades y amenazas, que se refieren a factores externos a la empresa. La ventaja de las debilidades y fortalezas es que al situarse dentro del ámbito de la empresa, el control que se tiene sobre los mismos es muy superior al de las otras dos variables y es posible actuar de forma directa sobre las mismas, pudiendo obtener resultados en el medio o largo plazo. Sin embargo, las oportunidades y amenazas, al referirse a factores externos a la organización empresarial, la capacidad de control sobre los mismos es muy inferior, incluso nula, para el empresario.

Imagen 3.9. El análisis DAFO es una de las principales formas para determinar la viabilidad de una idea de negocio.

Así, de acuerdo con lo indicado, el análisis DAFO permite al emprendedor realizar la identificación y el análisis de:

- Las variables internas referidas a la empresa (fortalezas y debilidades).

- Las variables externas a la empresa y que están relacionadas con la misma (oportunidades y amenazas).

- Los elementos negativos para la actividad económica de la empresa (debilidades y amenazas).

- Los elementos positivos para la actividad económica de la empresa (fortalezas y oportunidades).

Entre las ventajas del análisis DAFO se encuentra que es muy sencillo aplicarlo a todo tipo de empresas, actividades, personas, mercados o situaciones que interactúen en cualquier tipo de mercado. Igualmente, permite, cuando se realiza de forma correcta, efectuar una especie de radiografía de la situación presente de la realidad que se esté analizando, reflejando los principales matices de cada una de las variables que afectan a las empresas o personas objeto del análisis. Con dicha información, sería posible tomar decisiones precisas de acuerdo a la situación presente, con el matiz que luego se hará respecto a las limitaciones de este tipo de análisis en base a la realidad presente. La efectividad del análisis DAFO se incrementa cuando se lleva a cabo el mismo de forma periódica para determinar si los objetivos que se han diseñado se están cumpliendo o, por el contrario, se están alejando. Debe tenerse en cuenta que muchas de las variables presentes en el entorno interno o externo de una empresa son dinámicas y variables en el tiempo.

Las limitaciones del análisis DAFO derivan de su propia naturaleza. Los críticos con el análisis DAFO afirman que el mismo hace referencia a un momento presente o pasado, pero que determinar las fortalezas o debilidades con respecto a los mercados o productos actualmente existentes solo permite obtener una imagen más o menos precisa de la realidad existente. Sin embargo, no se centra en ofrecer una perspectiva estratégica de la situación futura de la empresa y de los mercados en los que va a operar. Ese cliente al que se hacía referencia evolucionará en sus preferencias comerciales y la ausencia de esa visión estratégica es una de las carencias del modelo.

En otro sentido, también se critica que es un modelo básicamente cualitativo, lo que implica una influencia de aspectos subjetivos a la hora de desarrollarlo. De esta característica se derivan cuatro consecuencias:

- Baja autocrítica: es frecuente que a la hora de redactar las fortalezas y debilidades, se tienda a sobreestimar las primeras y a disminuir la importancia de las segundas. Una solución a este problema radica en establecer un número máximo de fortalezas y un número mínimo de debilidades que deberán ser cumplimentadas en el análisis.

- Fortalezas imprecisas: la inclusión en el apartado de fortalezas de aspectos tales como, «gran conocimiento del mercado», «precios por debajo de la media» o «experiencia laboral en el sector», inciden en el mismo error al que anteriormente se hacía referencia, no añaden nada sobre la estrategia que la empresa va a poner en juego en el mercado. Además, se trata de cualidades de las que muchas otras empresas disponen; sería más adecuado incluir aquellas fortalezas que son más específicas y exclusivas de nuestra empresa. Vinculada con este aspecto se encuentra la necesidad de analizar la estrategia de los competidores en el mercado, para poder determinar las actuaciones que se están desarrollando por parte de esas otras entidades.

- Confusión entre factores internos y externos: en muchas ocasiones los análisis DAFO presentan una identificación de factores externos, como internos, y viceversa, lo que elimina buena parte de sus capacidades de análisis. Es preciso determinar con claridad lo que pertenece al ámbito interno de la empresa y lo que se integra en el ámbito externo con carácter previo al inicio del desarrollo del análisis, ya que en ocasiones existen aspectos complejos que pueden dar lugar a dificultades en la categorización de los factores.

- Falta de ponderación: el modelo no incluye la ponderación de la importancia de cada una de las variables o factores apuntados. De esta forma, el hecho de que haya un mayor número de factores positivos o negativos no tiene, por sí mismo, un valor absoluto. Puede existir una debilidad que tenga una mayor trascendencia para el futuro de la empresa que varias fortalezas y lo mismo cabe afirmar respecto a cualquiera de las cuatro secciones del modelo. Debería llevarse a cabo una ponderación de la importancia de cada una de las variables. Deberían determinarse los «factores críticos del éxito» y los «factores críticos del fracaso», dado que la presencia de alguno de los mismos puede definir el balance del análisis hacia un lado u otro.

- Análisis limitado del entorno: el análisis del entorno se centra frecuentemente en los aspectos económicos del mismo (número y tipología de los competidores), obviando otros que pueden ser básicos para el desarrollo futuro de la empresa como es el caso de los cambios políticos, tecnológicos, legislativos o sociales. En este sentido, es muy útil el empleo del análisis diseñado por Michael Porter para evaluar la posición estratégica de la empresa (denominado las 5 fuerzas de la competitividad).

Cada uno de los apartados se define del siguiente modo:

- **Debilidades:** se refieren a los factores **internos** que dan lugar a ocupar una posición desfavorable con respecto a las entidades que conforman la competencia, p. ej. recursos de los que se carece, habilidades que no se poseen, actividades que no se desarrollan positivamente, etc.

- **Amenazas:** se incluyen las situaciones que tienen su origen en el **entorno** y que pueden llegar a causar riesgos respecto a la existencia misma de la empresa cuando alcanzan una determinada gravedad.

- **Fortalezas:** son las capacidades **propias** de que dispone la empresa, y que le van a permitir desempeñar una posición de privilegio con respecto a la competencia.

- **Oportunidades:** se enumeran aquí los factores positivos y favorables, que se deben observar en el **entorno** en el que se desarrolla la actividad de la empresa, y que dan lugar a la obtención de ventajas competitivas.

Estructura: Debilidades, Amenazas, Fortalezas, Oportunidades

La matriz DAFO se puede representar gráficamente del siguiente modo:

Elaboración del DAFO

Para elaborar el análisis DAFO se requiere realizar previamente dos tipos de análisis, de un lado el interno y de otro el externo.

En el análisis interno se estudia la empresa para localizar las fortalezas y debilidades existentes en la misma. Es evidente que existirá una carga subjetiva a la hora de determinar estos factores, ya que las personas que lo realizan, en ese proceso, vuelcan sus opiniones y criterios. Se deberá analizar la tecnología que se dispone, las tecnologías informáticas (tanto *software* como *hardware*) con las que se cuenta, las patentes, licencias comerciales, conocimientos sobre gestión empresarial en general y el *know-how* del concreto sector productivo, normativa legal que se aplique a la empresa y su actividad, capacidad económica de la misma y proveedores con los que se mantienen relaciones comerciales, entre otros factores.

En el análisis externo se analizará el entorno en que desarrolla su actividad la empresa. Se estudia la realidad del sector, así como la situación del mercado y de las empresas que integran la competencia, para así detectar las amenazas y oportunidades que estén presentes.

El entorno se subdivide en general y específico:

• Entorno general: se refiere a las características que afectan a todo tipo de empresas, con independencia del concreto sector de actividad al que pertenezca.

• Entorno específico: son aquellas características que tienen influencia de modo directo sobre el sector de la actividad concreto en el que la empresa desarrolla su actividad o, en su caso, a la empresa en particular.

Análisis PEST

Para analizar el entorno general se puede acudir al análisis PEST (abreviatura de factores Políticos, Económicos, Sociales y Tecnológicos). El análisis PEST determina la estrategia que hay que seguir por parte de la empresa, teniendo presente la futura evolución tanto de los costes soportados por la misma como de la demanda y oferta en el mercado. Esto permite al empresario determinar diferentes estrategias en función de los distintos escenarios que pudieran presentarse y no actuar de un modo errático o meramente intuitivo y aislado de la realidad socioeconómica. La correcta realización de este análisis permitirá a la empresa realizar una planificación a largo plazo que será beneficiosa para la evolución económica de la misma.

Analizados en detalle, los factores son los siguientes:

• Políticos: situación política general; legislación mercantil, medioambiental, fiscal, laboral; autorizaciones administrativas; aranceles; libertad de establecimiento; financiera; subvenciones y demás estímulos a la actividad económica.

• Económicos: evolución de la actividad económica, nivel impositivo, inflación, facilidad de obtención de financiación, tasa de desempleo, tipo de interés, nivel de actividad industrial.

• Sociales: estilos de vida, tendencias de consumo, niveles de educación, evolución de la demografía, estructuras familiares, importancia otorgada a las cuestiones medioambientales.

- Tecnológicos: desarrollo tecnológico, inversión en innovación y desarrollo, extensión de las nuevas tecnologías entre el conjunto de la población.

Es preciso, a la hora de iniciar un proyecto empresarial o una nueva actividad, realizar un estudio del entorno en que se va a desarrollar el negocio (igualmente este tipo de análisis debe realizarse de forma periódica para asegurarse de que la estrategia seguida por la empresa es coherente con el entorno de la misma), de forma que la empresa actúe en sintonía con la sociedad y el mercado en el que se desenvuelve.

Imagen 3.10. El análisis PEST ofrece información relevante acerca del entorno en el cual se desarrolla la actividad de una empresa.

Es por todo esto que el análisis PEST se presenta como una herramienta de gran utilidad para el análisis del entorno, muy apropiada para comprender el panorama general en el que opera cualquier órgano social, permitiendo un correcto proceso de planificación y toma de decisiones, aprovechando las oportunidades y minimizando las amenazas referentes a sus actividades y brindando asimismo un plan sólido de crecimiento a largo plazo.

Como se ha visto, el análisis PEST se considera una herramienta acertada para comprender el crecimiento o declive de un mercado o de un conjunto de necesidades que satisfacer y, en consecuencia, la posición, potencial y dirección de un negocio o cualquier tipo de entidad, y es una herramienta de medición de desempeño. El PEST funciona como un marco para analizar una situación y, como el análisis DAFO (acrónimo de debilidades, amenazas, fortalezas y oportunidades), es de utilidad para revisar la estrategia, posición y dirección de la entidad.

El análisis PEST promueve el pensamiento proactivo y la previsión sistémica, procurando erradicar aquel aforismo que sentencia «como vaya viniendo vamos viendo». Es la base para la formulación de políticas que inspiren autoridad, compromiso y liderazgo, bien sea en entes públicos o privados.

Los países tienen la peculiaridad de contener instituciones de diversa índole; es por ello que un correcto análisis de entorno nacional o internacional, según aplique el caso, es igualmente garantía de seguridad nacional.

De acuerdo con los resultados que se hayan obtenido en el análisis anterior, cabe determinar la existencia de 4 entornos diferentes:

- Integrados o diversificados: en función de la cantidad de variables que están presentes en el entorno en que actúa la empresa.

- Estables o dinámicos: de acuerdo con si los factores son estables o variables a lo largo del tiempo y de la forma en que dichas variaciones se pueden producir.

- Favorables u hostiles: determinado por la facilidad o no con la que la empresa se adapta a los cambios producidos en el entorno.

- Simples o complejos: de acuerdo con si la empresa se adapta de forma sencilla o no a las alteraciones que se producen en el entorno.

El entorno específico se determina en función de una serie de variables:

- La competencia a la que se enfrenta la empresa. Debe analizarse el volumen de las empresas rivales, la existencia o no de barreras de salida y la intensidad de las mismas. Igualmente se estudiarán las barreras de entrada (si son importantes y la empresa ya ha entrado en el correspondiente mercado, le benefician al limitar la entrada de nuevos competidores y si no ha entrado aún en el mismo, puede ser un hándicap importante), la necesidad de experiencia profesional o no para poner en práctica la actividad, la existencia de economías de escala (que beneficiará a los competidores con un mayor volumen de negocio) o la necesidad de contar con licencias de uso de herramientas tecnológicas o de marcas comerciales. También se estudiará la hipotética reacción de los actuales actores del mercado respecto a los nuevos intervinientes en el mercado (por ejemplo, bajando los precios en los que ofrecen sus servicios o productos hasta un punto en que a la nueva empresa no le resulte rentable desarrollar su actividad). La diferenciación entre los competidores es un elemento básico, toda vez que si es muy reducida, la competencia será mayor, pues será más difícil convencer a los clientes de que contraten nuestros servicios. Si existen productos sustitutivos al que aparece en el mercado la situación es más compleja, ya que el cliente podrá optar sencillamente por otro producto en caso de que no obtenga del nuevo la máxima satisfacción.

- El poder negociador con el que cuenten los clientes: cuando existen pocos clientes, estos contarán con mucho más poder. En otro sentido, si los mismos pueden cambiar de proveedor con un alto coste para ellos, será mucho más complicado captar clientes de la competencia. Cuando existe una asimetría de la información, el poder del cliente se reduce, toda vez que no conoce suficientemente la calidad de las propuestas ni los demás oferentes en el mercado. Si la información no es asimétrica, el cliente conocerá toda la oferta presente en el mercado y podrá exigir a la empresa nueva las mejores condiciones de precio o calidad disponible. En algunas situaciones, si hay la posibilidad de integración hacia atrás de los clientes, su poder se incrementa (sería el supuesto de los fabricantes que no desean vender sus productos en malas condiciones económicas por parte de los comerciantes y deciden abrir una nueva red de tiendas para sortear esas condiciones negativas).

- Poder negociador con el que cuentan los proveedores: la forma en que los mismos pueden influir es diversa (precio, rapidez en el suministro, condiciones de pago). La influencia vendrá condicionada por el mayor o menor número de los mismos, por la existencia o no de productos sustitutivos a los que pueda acceder el cliente, por la importancia relativa que la nueva empresa tenga en la cuenta de resultados del proveedor, por los costes que el cambio de proveedor pueda suponer para el cliente y por la posible integración hacia delante de los clientes (caso del conjunto de comerciantes que acuerdan crear un suministrador común para abaratar el coste de los productos que emplean en su actividad económica).

- Los poderes públicos: la legislación y la forma en que las Administraciones públicas actúen afectará a la empresa al encontrarse con una facilidad mayor o menor para la implantación de nuevos negocios en el sector de actividad al que pertenece la empresa, así como el establecimiento de ayudas específicas o una mayor o menor intervención pública en la libre competencia en relación con ese sector de la actividad económica.

Es muy frecuente que cuando no se cuenta con experiencia en la cumplimentación de la matriz DAFO no se tengan claras las diferencias entre debilidades y amenazas ni entre fortalezas y oportunidades. Una forma de reducir esos equívocos es plantearse si la empresa puede hacer algo para modificar la situación respecto a ese factor que se está analizando. En el caso de que la respuesta sea positiva, se estará haciendo referencia a un factor interno, en el supuesto contrario, el factor será externo.

A la hora de redactar la matriz DAFO, una vez llevado a cabo el análisis anteriormente citado, deben realizarse las correspondientes relaciones de elementos que hay que incluir en cada una de las cuatro variables que considerar. Por una mayor claridad, es conveniente ordenar cada uno de los factores de mayor a menor importancia dentro de cada uno de los cuatro cuadrantes de la matriz. Exclusivamente a modo de ejemplo, se hace referencia a algunas de las mismas:

Ejemplos de Debilidades

- Equipo de trabajo obsoleto
- Bajo nivel de calidad
- Gestión empresarial poco profesional
- Gestión reactiva de la empresa
- Dirección sin proyecciones económicas a futuro
- Baja cualificación profesional
- Situación económica precaria
- Falta de diferenciación en el producto o servicio ofrecido
- Personal no motivado
- Mínima capacidad de autocrítica en la dirección
- Remuneraciones reducidas
- Dificultades de financiación
- Aprovechamiento ineficaz de los recursos humanos

Ejemplos de Amenazas

- Competidores con presencia importante en el mercado
- Regulación desfavorable
- Cambios en la legislación
- Conflictos laborales
- Legislación desfavorable a la actividad
- Incrementos de costes
- Segmento de mercado en recesión
- Competencia muy activa
- Producto o servicio no competitivo
- Producto o servicio nuevo en el mercado (aceptación no contrastada)

Ejemplos de Fortalezas

- Importantes recursos financieros
- Productos o servicios de gran calidad
- Producto o servicio con características diferenciadas
- Gerencia profesional

- Personal bien formado y motivado

- Dotación técnica de última generación

- Buenas relaciones laborales

- Gestión proactiva de la empresa

- Procedimientos de trabajo ágiles y eficaces

Ejemplos de Oportunidades

- Alto poder de compra del público objetivo

- Mercado poco cubierto por la competencia

- Competencia inexistente

- Sector del mercado creciente

- Producto de consumo necesario

- Legislación favorable al producto o servicio

Pero el análisis DAFO no puede limitarse a la elaboración de las correspondientes listas de factores presentes en la actividad económica que se está estudiando, habrá que llevar a cabo una evaluación de los mismos de modo que se puedan obtener conclusiones que sirvan de criterio válido para decidir qué alternativa es la más adecuada de entre todas aquellas que se encuentren disponibles.

Tras la adecuada evaluación de la matriz DAFO se pueden determinar cuestiones tales como:

- Los aspectos débiles de la empresa y que le impiden aprovechar ciertas oportunidades de negocio que se puedan presentar.

- El modo en que pueden solucionarse esas debilidades anteriormente detectadas.

- Las amenazas que se pueden presentar a la entidad y el modo más adecuado de enfrentarlas.

- Oportunidades que la empresa puede aprovechar de acuerdo con sus características.

- La validez de la estrategia empresarial desarrollada actualmente, así como las posibles modificaciones de la misma que puedan adoptarse.

- Dificultades en la estrategia que se están presentando a la empresa.

Interpretación del DAFO

Tras redactar la matriz DAFO, procede interpretar los datos considerados en la misma. Para ello se recurre al cuadro DAFO cruzado (también denominado «matriz DAFO cruzada» o «matriz de confrontación») con el objetivo de enfrentar la situación presente de la empresa con el mercado en que desarrolla su actividad. Se realiza comparando cada fortaleza que haya sido detectada con las oportunidades y amenazas que se han señalado. Posteriormente se realizará la misma comparación entre cada una de las debilidades y las oportunidades y amenazas existentes. Es importante tener presente este cuadro, dado que las debilidades y fortalezas con las que cuente la empresa tienen una importancia relativa en función de que las mismas tengan o no relación con las amenazas y oportunidades existentes en el mercado. Por ejemplo, una fortaleza tiene mucho más valor en tanto en cuanto sirva para enfrentar las amenazas del mercado, en sentido contrario, una debilidad es mucho menos importante cuando no se encuentra con una amenaza que la ponga de manifiesto a la hora de desarrollar la actividad económica por parte de la empresa.

Para realizar la misma se seguirá el siguiente esquema de valoración:

- Si la relación es fundamental, se anotarán tres puntos

- Si la relación es relevante, se anotarán dos puntos

- Si la relación no es importante, se anotará un punto

- Si no existe relación, se anotarán cero puntos

Como ejemplo, se exponen a continuación dos cuadros DAFO cruzados:

		AMENAZAS							OPORTUNIDADES					Suma	
		1	2	3	4	5			1	2	3	4	5		
FORTALEZAS	1						FORTALEZAS	1							
	2							2							
	3							3							
	4							4							
	5							5							
		AMENAZAS							OPORTUNIDADES					Suma	
		1	2	3	4	5			1	2	3	4	5		
DEBILIDADES	1						DEBILIDADES	1							
	2							2							
	3							3							
	4							4							
	5							5							
Suma							Suma								

A continuación, se suman todas las filas y todas las columnas y buscamos la puntuación máxima de cada grupo de filas y de columnas:

		AMENAZAS							OPORTUNIDADES					Suma
		1	2	3	4	5			1	2	3	4	5	
FORTALEZAS	1	2	2	2	2	2	**FORTALEZAS**	1	2	2	2	2	2	20
	2	2	2	1	2	2		2	2	2	2	2	2	19
	3	2	2	2	2	2		3	2	2	2	2	2	20
	4	2	2	2	2	2		4	2	2	2	2	2	20
	5	0	1	0	0	1		5	1	0	1	2	0	6

		AMENAZAS							OPORTUNIDADES					Suma
		1	2	3	4	5			1	2	3	4	5	
DEBILIDADES	1	1	0	1	0	0	**DEBILIDADES**	1	1	0	2	0	1	6
	2	0	0	0	0	0		2	0	1	0	0	1	2
	3	2	1	2	0	1		3	2	1	1	1	2	13
	4	2	2	2	2	2		4	2	2	1	1	2	18
	5	2	2	2	2	1		5	2	2	1	2	2	18
Suma		15	14	14	12	13	**Suma**		16	14	14	14	16	

Cuadro DAFO diagnóstico

DEBILIDADES	AMENAZAS
1	1
2	2
3	3
4	4
5	5
FORTALEZAS	**OPORTUNIDADES**
1	1
2	2
3	3
4	4
5	5

Posteriormente, se cumplimentará el cuadro DAFO de diagnóstico, en el cual se tendrán presentes los resultados que hayan alcanzado una puntuación que sea igual o superior a la mitad de la puntuación máxima que sea posible obtener. Ello indicará la importancia real de cada una de las fortalezas y debilidades presentes, más allá de la impresión original que los creadores de la empresa tuviesen en sus consideraciones acerca de la relativa importancia de cada uno de los factores que hayan aparecido. Con ello se va a conseguir una matriz DAFO en la que solo se irán a tener en cuenta los factores que realmente sean relevantes para la actividad empresarial para poder concentrar en ellos el análisis y tomar decisiones en orden a adoptar las medidas que sean procedentes para mejorar el desarrollo económico de la entidad.

El paso final es realizar las mejoras necesarias para superar las debilidades, aprovechar las fortalezas, sacar el máximo rendimiento de las oportunidades existentes e intentar hacer frente a las amenazas.

Para cada una de las acciones requeridas se deberá hacer un análisis en orden a determinar la inversión que será requerida, el retorno de la misma (bien en forma monetaria o en otras diferentes) y los riesgos que tales acciones de mejora puedan implicar. Con toda esta información se establece el plan de mejora competitiva de la empresa. Dicho plan ha de contar con una temporalización realista para que el mismo pase de la declaración de intenciones a una acción eficaz que produzca efectos en la realidad productiva de la empresa, fortaleciendo la ventaja competitiva de la empresa frente a sus rivales en el mercado.

Un ejemplo de temporalización es el siguiente:

FASES	Mes 1	Mes 2	Mes 3	Mes 4	Mes 5	Mes 6
Presentación y definición del alcance del proyecto	■					
Toma de datos	■					
Análisis de los datos y elaboraración del Mapa de mejora competitiva	■	■				
Priorización y confección del Plan de acción		■	■			
Ejecución y seguimiento del Plan de acción		■	■	■	■	
Cierre del proyecto			■			

3.1.4. Planificación de la actividad empresarial y establecimiento de previsiones

Además de los estudios de mercado anteriormente analizados, el emprendedor ha de realizar una serie de análisis económicos tanto para determinar la viabilidad (factibilidad) del negocio como para calcular la rentabilidad que se puede obtener de la inversión realizada, cálculos que pueden llevarse a cabo tanto desde un punto de vista previsional como, una vez iniciada la actividad económica de la empresa, con los datos consolidados.

Se denomina umbral de rentabilidad al nivel de la cifra de negocio de una empresa en la cual no se obtienen pérdidas ni ganancias, también es conocido como punto de equilibrio. Por debajo de ese nivel de ventas se entiende que el negocio no es rentable.

Estudiar este punto permite al emprendedor tener presente la necesidad de planificar adecuadamente los costes fijos de la empresa, toda vez que un incremento de los mismos va a suponer el aumento de la cifra de negocios precisa para lograr la rentabilidad de la inversión. En sentido opuesto, una reducción de los gastos fijos va a tener como consecuencia que la cifra de negocios precisa para alcanzar el umbral de rentabilidad de un negocio sea menor de lo inicialmente previsto. Esta reducción de los gastos fijos no implica la disminución de los medios productivos, sino una máxima productividad de los recursos con los que se cuenta (empleo intensivo de la maquinaria, adecuada organización de los recursos humanos), así como la obtención de mejores condiciones por parte de los proveedores tanto de materias primas como de suministros (comunicaciones, energía), seguros o servicios financieros, entre otros campos. Al calcular el beneficio que se obtiene de la venta de un producto o servicio es preciso tener presente no solamente los costes variables que implica cada transacción comercial, sino también la necesidad de contribuir con dicha transacción a compensar los costes fijos de la empresa (inmuebles, maquinaria, personal de estructura, alquileres, etc.).

Es conveniente contar con un margen de rentabilidad por encima del punto de equilibrio, ya que, en caso contrario, cualquier disminución de la demanda o incremento de los costes de producción tendría como consecuencia la entrada en pérdidas de la empresa.

La determinación del punto de equilibrio no es un cálculo exacto, puesto que existen variables sobre las que no pueden hacerse previsiones exactas. Por ejemplo, factores como el incremento de los costes de la energía, de las materias primas, del importe del arrendamiento del local, de los tributos o costes sociales que la empresa ha de abonar, provocarían un alejamiento de las cantidades inicialmente previstas. Y, en caso de disminuir dichos conceptos, el punto de equilibrio se alcanzaría con un menor volumen de ventas.

El beneficio de una empresa se define como la diferencia existente entre los ingresos y los costes totales:

$$Bf = IT - CT$$

Los ingresos de la empresa son el importe de las ventas efectuadas:

$$IT = P \times Q$$

P es el precio de cada unidad del producto y Q, el número de unidades que se han vendido:

$$CT = CF + CV \text{ o también } CT = CF + C_{vu} \times Q$$

C_{vu} es el coste variable unitario.

El punto muerto se halla buscando la cantidad de unidades vendidas que iguala a 0 el beneficio, es decir, el volumen de ventas en la que los ingresos totales equivalen a los costes totales:

$$Bf = 0 \text{ , } IT = CT \text{ , por lo que } p \times Q = CF + C_{vu} \times Q$$

Si se denomina Q^* la Q obtenida de esta igualdad, es decir, el punto muerto, ello supone que:

$$Q^* = CF / p - C_{vu}$$

Para que la empresa consiga beneficios $(Bf = IT - CT)$, el número de productos vendidos ha de ser superior a punto muerto $(Q > Q^*)$.

En la representación gráfica se observa que el punto muerto es el punto de intersección entre la línea recta que muestra los ingresos totales en función de la cantidad vendida y la línea recta que indica los costes totales en función de la cantidad que se ha producido.

En niveles de venta inferiores al punto muerto la empresa se encuentra en pérdidas y, a partir del punto muerto, se consiguen beneficios.

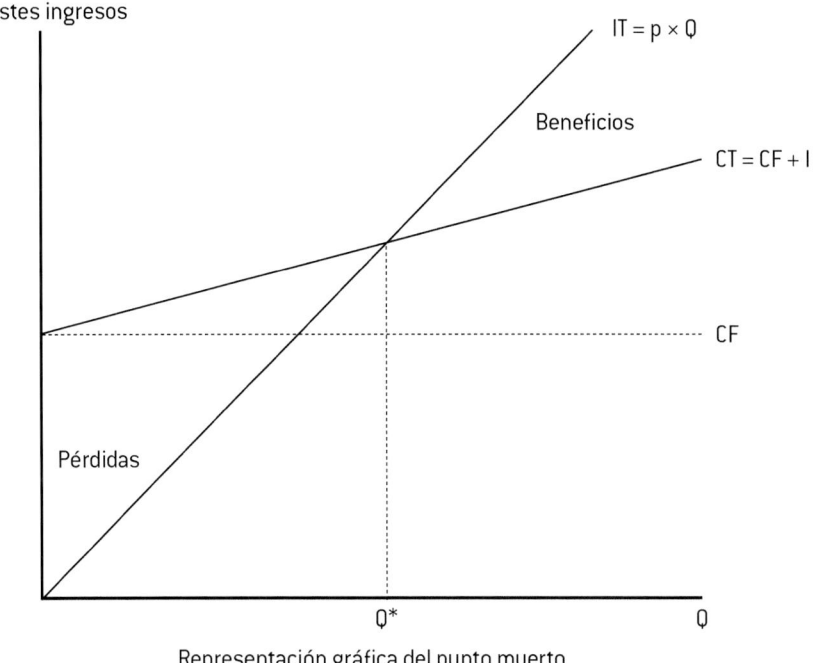

Representación gráfica del punto muerto

El emprendedor deberá igualmente determinar la rentabilidad obtenida por la empresa, lo cual se lleva a cabo a través de la aplicación de un conjunto de ratios que mide una serie de parámetros acerca de la evolución de la empresa y que, evidentemente, puede referirse tanto a datos previsionales como consolidados. Entre los mismos cabe destacar los siguientes:

- Rentabilidad económica: indica la tasa de rentabilidad de la empresa. No se tienen presentes ni los impuestos sobre el beneficio ni los costes financieros asumidos para financiar la empresa, considerando que estos hacen referencia al modo en que la empresa se financia y no a la evolución de la actividad empresarial.

    Rentabilidad económica = Beneficio antes de impuestos e intereses / Activo total

- Rentabilidad financiera: mide la rentabilidad que los socios de la empresa obtienen respecto de la inversión total que se ha realizado en la empresa, y en la que sí se incluyen los intereses, ya que cubren las carencias de recursos financieros propios de los socios.

    Rentabilidad financiera = Beneficio antes de impuestos / Recursos propios

Respecto de estas dos ratios, los más significativos, cabe indicar que no se tiene en cuenta la incidencia de los impuestos sobre beneficios de las sociedades, puesto que se aplican con independencia de la financiación, propia o ajena, con la que se hayan cubierto las necesidades de capital de la empresa. Si bien en el segundo de las ratios sí se tienen en cuenta los intereses derivados de contar con financiación ajena, toda vez que los mismos han de ser tenidos en cuenta para determinar la rentabilidad obtenida por los socios. Cuando el coste de financiarse con recursos ajenos es inferior a la rentabilidad obtenida con la empresa, financieramente es una decisión acertada. Opción diferente es cuando los intereses que se abonan a la entidad financiera son superiores a la rentabilidad derivada de la empresa.

Con la finalidad de determinar si la opción por el endeudamiento externo reduce o no la rentabilidad de los recursos propios de la empresa, se aplica una fórmula combinada.

Apalancamiento = (Beneficio antes de impuestos / Beneficio antes de impuestos e intereses) × (Activo total / Recursos propios)

La primera parte de la fórmula señala el porcentaje en que se reduce el beneficio antes de impuestos cuando se toman en cuenta los intereses abonados. La segunda parte hace referencia a la proporción entre el activo total y los recursos propios de la empresa, cuya diferencia constituye la cuantía total del endeudamiento con que cuenta la empresa.

Los resultados de esta fórmula pueden ser los siguientes:

- 1. La empresa no ve modificada su rentabilidad por el hecho de que cuente con financiación extra.
- \> 1. La financiación externa incrementa la rentabilidad financiera de la empresa.
- \< 1. La financiación externa reduce la rentabilidad financiera.
- Beneficio neto sobre ventas: representa la rentabilidad que se obtiene por cada unidad monetaria que ha sido vendida por la empresa.

Beneficio neto sobre ventas = Beneficio después de impuestos / Ventas totales

- Rentabilidad sobre activos: indica la rentabilidad obtenida por los activos de la empresa.

Rentabilidad sobre activos = Beneficio neto / Activo total

- Rentabilidad por dividendo: muestra la rentabilidad obtenida por los accionistas o titulares de las participaciones sociales, calculada en función del precio de las mismas.

Rentabilidad por dividendo = Importe del dividendo / Precio acción o participación

3.1.5. Tipos de empresas

A continuación se describen las principales clases de empresas a las que pueden optar los emprendedores a la hora de desarrollar su actividad económica.

3.1.5.1. Sociedad Unipersonal

Es una sociedad mercantil que aparece regulada en los artículos 12 y siguientes del Real Decreto Legislativo 1/2010, de 2 de julio, por el que se aprueba el texto refundido de la Ley de Sociedades de Capital. Tributan en el Impuesto sobre Sociedades. Su capital social mínimo es de 1 euro en el caso de las sociedades unipersonales limitadas y de 60 000 euros en el supuesto de las anónimas. En todo caso, la responsabilidad patrimonial de los socios se limita al capital desembolsado en la sociedad.

3.1.5.2. Sociedad Anónima

Sociedad mercantil en la que el capital social, que se encuentra dividido en acciones, está integrado por las aportaciones de los socios, los cuales no responden de forma personal por las deudas de la sociedad. Se rige por lo dispuesto en el Real Decreto Legislativo 1/2010, de 2 de julio, por el que se aprueba el texto refundido de la Ley de Sociedades de Capital.

Para su válida constitución requiere la formalización a través de escritura pública y su posterior inscripción en el Registro Mercantil. En su denominación habrá de constar necesariamente la expresión «Sociedad Anónima» o su abreviatura «S.A.».

3.1.5.3. Sociedad de Responsabilidad Limitada

Sociedad mercantil (con personalidad jurídica propia), con independencia de la naturaleza de su objeto social, en la que el capital social, que estará dividido en participaciones sociales, indivisibles y acumulables, se integrará por las aportaciones de todos los socios, quienes no responderán personalmente de las deudas sociales, limitándose su responsabilidad a las cantidades aportadas como capital social. Se rige por las disposiciones recogidas en el Real Decreto Legislativo 1/2010, de 2 julio, por el que se aprueba el texto refundido de la Ley de Sociedades de Capital.

3.1.5.4. Sociedad Laboral

Podrán obtener la calificación de «Sociedad Laboral» las sociedades anónimas o de responsabilidad limitada que cumplan los siguientes requisitos:

- Que al menos la mayoría del capital social sea propiedad de trabajadores que presten en ellas servicios retribuidos de forma personal y directa, en virtud de una relación laboral por tiempo indefinido.

- Que ninguno de los socios sea titular de acciones o participaciones sociales que representen más de la tercera parte del capital social, salvo que:

  La sociedad laboral se constituya inicialmente por dos socios trabajadores con contrato por tiempo indefinido, en la que tanto el capital social como los derechos de voto estarán distribuidos al cincuenta por ciento, con la obligación de que en el plazo máximo de 36 meses se ajusten al límite establecido en este apartado.

- Que el número de horas-año trabajadas por los trabajadores contratados por tiempo indefinido que no sean socios no sea superior al cuarenta y nueve por ciento del cómputo global de horas-año trabajadas en la sociedad laboral por el conjunto de los socios trabajadores. No computará para el cálculo de este límite el trabajo realizado por los trabajadores con discapacidad de cualquier clase en grado igual o superior al treinta y tres por ciento.

3.1.5.5. Sociedades Cooperativas

La cooperativa es una sociedad constituida por personas que se asocian, en régimen de libre adhesión y baja voluntaria, para desarrollar actividades empresariales, dirigidas a satisfacer sus necesidades y aspiraciones económicas y sociales, con una estructura y funcionamiento democrático, de acuerdo con los principios formulados por la alianza cooperativa internacional, en los términos resultantes de la Ley 27/1999, de 16 de julio, de Cooperativas.

3.1.5.6. Comunidad de bienes

La comunidad de bienes no tiene una personalidad jurídica diferente de la de los comuneros. Hay comunidad cuando la propiedad de una cosa o de un derecho pertenece *pro indiviso* a varias personas. A falta de contratos, o de disposiciones especiales, se regirá la comunidad por las prescripciones del Código Civil.

Su finalidad es el mantenimiento y aprovechamiento en conjunto de una propiedad común. La comunidad de bienes cuyo objetivo es la explotación de un negocio no necesitará para su constitución de ningún tipo de solemnidad, pudiendo constituirse a través de un contrato privado o público, excepto en el supuesto de que se aporten bienes o derechos reales, situación en la cual será necesaria su constitución ante notario.

3.1.6. Negociación, capacidad para defender las propias ideas, capacidad de diálogo y comunicación

Es fundamental que los directivos tengan un amplio conocimiento, no solamente de la realización de las tareas propias de la actividad de la empresa en que prestan sus servicios, sino también de lo que se refiere a la gestión de los recursos humanos, dado que el elemento más importante con el que cuenta la empresa es el conjunto de su personal.

Comunicación. Formas e importancia de la comunicación interna

La comunicación interna está formada por un conjunto de acciones que regulan las relaciones entre los trabajadores, colaboradores y equipos que integran una empresa. Dichas formas de comunicación pueden estar establecidas previamente de un modo formal en mayor o menor grado, pero en el caso de que hayan sido diseñados con el propósito de mejorar la organización de la empresa, tendrán por objeto incrementar los niveles de vinculación y coordinación entre los integrantes de la misma.

La comunicación interna en una empresa ha de caracterizarse por su transversalidad, es decir, implicar a la totalidad de las estructuras de la organización, con independencia de la jerarquía que cada persona ocupe en la empresa y del área en que estén integrados.

Imagen 3.11. El líder de una empresa ha de impulsar la comunicación fluida dentro de la misma.

La dirección de la empresa ha de fomentar que la comunicación sea fluida, de forma que los trabajadores tomen parte activa en la generación y transmisión de la información que sea relevante. La información, con reservas de aquella que tenga un carácter de confidencialidad, habrá de transmitirse en la empresa, evitando situaciones frecuentes de creación de «compartimentos estancos» en los que la información se guarda sin transmitirla al resto de la organización.

El líder debe ser consciente de que la información que poseen los trabajadores es igualmente importante para él, ya que por sí mismo no puede contar con todos los datos relevantes en relación con la marcha de la empresa, además de que una adecuada gestión de la información facilitará la creación de un mejor clima laboral entre los trabajadores y colaboradores, al sentirse más integrados en la marcha de la organización.

La comunicación interna puede ser tanto formal como informal:

- Comunicación formal: se planifica por parte de la empresa, pudiendo basarse en formatos diversos (escrito, oral, digital) existiendo cuatro alternativas:

  — Horizontal: producida entre los trabajadores de la empresa que ocupan el mismo nivel jerárquico.

  — Descendente: se dirige desde los niveles superiores de la empresa hasta los de inferior nivel jerárquico. La información que se transmita ha de resultar transcendente para los trabajadores y ser veraz, para incrementar la confianza en la dirección de la organización.

  — Ascendente: se genera en los niveles inferiores de la empresa dirigiéndose hacia los superiores, lo que mejora el conocimiento de la dirección tanto sobre la situación de la empresa como acerca de posibles conflictos que puedan existir o sugerencias que los trabajadores puedan realizar para mejorar la gestión empresarial.

  — Transversal: es la comunicación que se lleva a cabo entre los distintos niveles de la organización, así como entre integrantes de las distintas áreas de la misma.

- Comunicación informal: no está estructurada ni diseñada con carácter previo por parte de la empresa. Aporta un mayor grado de socialización dentro de la organización. La carencia de comunicación formal incrementa la comunicación informal y ello puede tener consecuencias negativas al surgir rumores e informaciones infundadas. En este caso la empresa debe determinar las razones por las cuales la información formal no se desarrolla correctamente y existe un elevado nivel de rumores y secretismo.

Motivación

La motivación se define como el deseo de alcanzar la satisfacción de las necesidades de una persona, reduciéndose la tensión generada por la misma. Las motivaciones vienen vinculadas a las necesidades, si bien, una motivación puede relacionarse con varias necesidades, y viceversa. Por ejemplo, la necesidad de vivir en un domicilio puede generar una motivación de seguridad (tener una vivienda) o una de estima (tener una vivienda de lujo en una zona muy exclusiva).

Las motivaciones pueden clasificarse, siguiendo a Abraham Maslow, de este modo:

* Motivaciones fisiológicas: básicas en la persona, tienen un carácter biológico y hacen referencia a la supervivencia de la persona (comer, beber, respirar, evitar el dolor, descansar). Entre las motivaciones que aquí se engloban están las de alimentarse, la de mantener una temperatura correcta (ropa) o la de descansar.

* Seguridad: hacen referencia a la satisfacción en tiempos futuros, como es la de tener una vivienda, educación, salud, una cierta estabilidad económica o tener seguros que cubran determinadas eventualidades.

* Sociales: pertenencia a un grupo social, afecto, evitar la soledad, sentirse integrado en la sociedad y aceptado tal y como es personalmente.

* Estima: referida a la tendencia de la persona a destacar por encima del conjunto de los demás o de ser tenido en cuenta con un estatus determinado, reconociéndosele sus méritos y haciéndole sentir seguro de sí mismo y con un valor en la sociedad. Existen la necesidad superior, que hace referencia al respeto propio (capacidad, estima o independencia), y una inferior, que se refiere al respeto y estima por parte de los demás.

* Autorrealización: hace referencia al crecimiento personal, maximizando su potencial mediante el ejercicio de una actividad concreta en la cual se destaque de un modo especial.

De acuerdo con Herzberg, la motivación para desempeñar las actividades laborales se encuentra relacionada con dos factores:

* Higiénicos: la insatisfacción en el trabajo se encuentra relacionada con el ambiente existente en el mismo, de los compañeros de trabajo, de los superiores jerárquicamente y del ambiente que existe en la empresa.

* Motivacionales: la satisfacción en el trabajo se vincula de acuerdo con los desafíos que el puesto supone para el trabajador y las posibilidades de desarrollo laboral y personal que suponga.

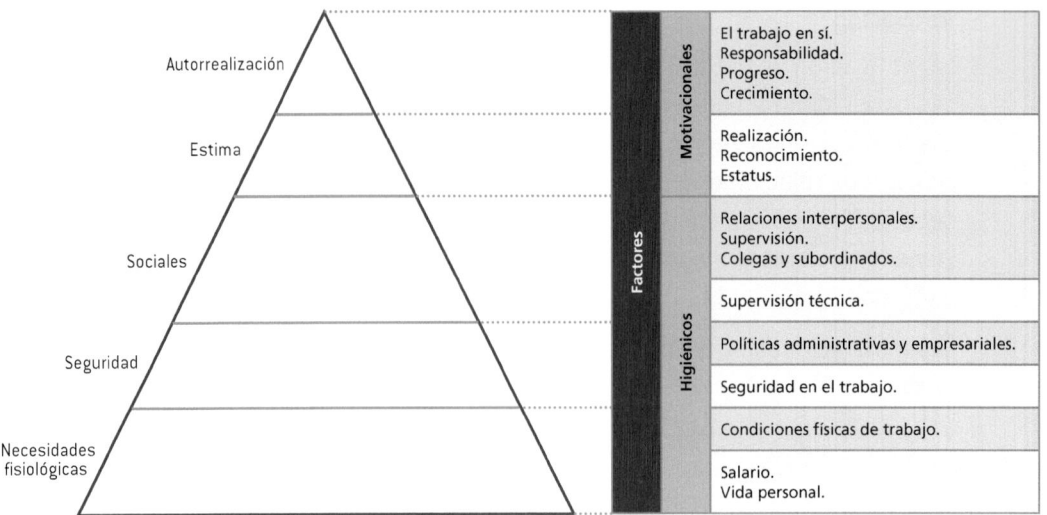

		El trabajo en sí. Responsabilidad. Progreso. Crecimiento.
Autorrealización	**Motivacionales**	
Estima		Realización. Reconocimiento. Estatus.
Sociales		Relaciones interpersonales. Supervisión. Colegas y subordinados.
		Supervisión técnica.
Seguridad	**Higiénicos**	Políticas administrativas y empresariales.
		Seguridad en el trabajo.
		Condiciones físicas de trabajo.
Necesidades fisiológicas		Salario. Vida personal.

El liderazgo formal e informal

Liderazgo formal:

Se considera liderazgo formal el que es ejercido por una persona para que lleve a cabo la organización y dirección de una actividad o una empresa. En una empresa se encontrará vinculado al desempeño de una posición de dirección o gerencia.

El líder ha de entender que su posición de preeminencia se basa en la consecución de una serie de objetivos, y que, del mismo modo que el órgano competente le otorgó dicho lugar en función de las expectativas sobre él depositadas, puede retirarle de dicha posición en el supuesto de que se incumplan las mismas.

Es preciso que se determinen de forma razonable las expectativas, pues si resultan excesivas su liderazgo se verá afectado, al no poder alcanzar las metas inicialmente determinadas.

Liderazgo informal:

En el caso del liderazgo informal, la condición de líder deriva de la capacidad que este posee para influir en otras personas sin que necesite recurrir a cuestiones jerárquicas. El líder informal extiende su influencia más allá de su ámbito ordinario de actuación.

Al contrario de lo que sucede con el líder formal, el líder informal no está sujeto a exigencias respecto al logro de objetivos. El soporte al líder formal por parte del informal lo ayudará a alcanzar sus metas, sin embargo, su oposición hará mucho más complicado lograr los objetivos. Los líderes informales aparecen de forma gradual, de acuerdo con la relación que mantiene con los demás miembros de su equipo.

Lo ideal es que exista una adecuada comunicación entre los líderes formales e informales, de modo que estos se sientan reconocidos dentro de la empresa y puedan colaborar con los responsables formales. Identificar los líderes informales de cada grupo es una tarea que desarrollar por parte de los líderes formales. Por otra parte, y si existieran líderes informales que no aportan energía positiva y colaboración a la empresa, se intentará determinar las razones de su descontento y tratar de encontrar un objetivo común a todas las partes para acometer un proyecto de colaboración mutua en beneficio de la empresa.

El trabajo en equipo:

El trabajo en equipo supone una forma de estructurar las actividades productivas de un grupo de personas en torno a una serie de objetivos o metas que se deben lograr. Esta forma de trabajar supone la existencia de unos lazos de dependencia entre las personas que integran el equipo.

Se hace necesaria la toma de acuerdos entre sus miembros, estableciendo un método para resolver las discrepancias que puedan surgir, debiendo darse una comunicación ágil en el interior del equipo, con la confianza y el apoyo como piezas fundamentales de sus relaciones interpersonales. Trabajar en equipo va más allá de compartir un mismo lugar físico para desarrollar sus funciones, tener un mando común o colaborar en un mismo proyecto, ya que es necesario que exista un compromiso común para alcanzar unas determinadas metas y colaborar para lograrlas. Por otra parte, en un equipo no todas las personas desarrollan la misma función. No se trata de sumar personas idénticas, sino de combinar las características personales y técnicas de los integrantes del equipo con la finalidad de mejorar el trabajo común de sus miembros, de forma que la suma individualizada de sus capacidades sea inferior a la capacidad del grupo en su conjunto.

Es necesario que los miembros de un grupo estén dispuestos a situar los intereses del equipo por encima de los individuales, así como a valorar y respetar las competencias y capacidades de los demás integrantes y se sientan con la libertad de expresar sus propias opiniones aunque no sean compartidas por la generalidad de miembros del equipo.

Se consideran requisitos para que un equipo alcance un elevado rendimiento los siguientes:

- Alto nivel de confianza entre sus integrantes
- Capacidad para compartir experiencias entre ellos y para absorber información de fuera del mismo

- Nitidez en los objetivos que alcanzar

- Flexibilidad en los medios para alcanzar los objetivos establecidos

- Capacidad para identificar los problemas que existan y para adoptar las medidas necesarias para resolverlos

- Constancia en la actuación para alcanzar los objetivos asignados

- Compromiso para hacer propias las metas propuestas al grupo

- Autocrítica para asumir los errores del equipo y para subsanarlos en cuanto sean detectados

La negociación. Distintos planteamientos

La negociación laboral es considerada por algunos autores como una rama de las negociaciones totalmente diferenciada de las demás. Si bien existe una serie de normativas acerca del trabajo que son de aplicación necesaria y sobre las cuales las partes no pueden llegar a ninguna transacción válida, por lo demás, se aplican las reglas generales comunes a cualquier otro tipo de negociación.

Imagen 3.12. Negociar de forma exitosa requiere una actitud constructiva en ambas partes.

Respecto a los límites antes señalados, por ejemplo, no sería legal el planteamiento de vincular una subida salarial a la reducción de inversiones en materia de prevención de riesgos laborales o a cambio de percibir parte de la masa salarial en forma de conceptos no salariales para así reducir el importe de las bases de cotización a la Seguridad Social.

Las principales fases de una negociación son las siguientes:

- Preparación: es básico que los negociadores lleven bien preparada la negociación, de forma que se puedan estimar los movimientos de la otra parte. A su vez, se distinguirá entre:

— Definición de la materia: se determinará con precisión el tema que será objeto de la negociación.

— Recopilar información acerca del tema: tanto respecto a la empresa en concreto como respecto al entorno legal o económico aplicable.

— Fijar los objetivos y márgenes de negociación: se determinará el propósito que hay que alcanzar, así como los extremos dentro de los cuales los negociadores pueden mover sus posiciones.

— Selección de las personas que integren el equipo: que deberán complementar sus capacidades técnicas y personales para reforzar las posibilidades de éxito en el proceso.

• Inicio de la negociación: se establecerá el procedimiento, respecto al modo en que se van a producir las intervenciones, la duración de las sesiones, la ordenación de los temas que hay que abordar y su orden. Las partes habrán de actuar con una asertividad en busca de un acuerdo, evitando los prejuicios negativos o la presentación de propuestas de cumplimiento imposible.

• Desarrollo de la negociación: las propuestas han de modificarse dentro de los límites en un contexto de colaboración entre partes, en el que se buscará el acuerdo más positivo posible entre todos los intervinientes, realizando las transacciones que se estimen oportunas dentro de los límites que cada parte tenga asignados por parte las personas o grupos que les hayan responsabilizado de las negociaciones. Es importante ir estableciendo los acuerdos que se van alcanzando y resolver de forma inmediata cualquier problema de comunicación que pueda producirse.

• Finalización de la negociación: la misma puede terminar en un acuerdo total, parcial o en desacuerdo. En todo caso, debe intentarse no dejar bloqueado ningún tema, de forma que, en su caso, pueda reabrirse el proceso negociador en un momento posterior, por lo que habrá que intentar dejar a un lado los conflictos interpersonales y circunscribirse a las cuestiones fácticas del proceso.

Mantenimiento del clima laboral

Se puede definir el clima laboral como la suma de las impresiones que los empleados tienen en relación con el entorno físico y personal en el que se desarrollan las funciones ordinarias de la actividad productiva de la empresa. Entre los factores que determinan el clima laboral se encuentran las condiciones laborales (relaciones jerárquicas, horario de trabajo, mecanismos de toma de decisiones, salario, etc.), las cuales son analizadas a la luz de la experiencia del trabajador, ya que las vivencias que este haya acumulado en su vida laboral, dentro o fuera de la misma empresa, le llevará a valorar de un modo u otro.

Dentro del sistema EFQM (European Foundation for Quality Management), se considera al trabajador como un cliente interno y, por tanto, debe buscarse su satisfacción. Es importante la realización de una encuesta de clima laboral en situaciones en que se detecten problemas entre el personal, así como cuando se vayan a modificar aspectos de la política de recursos humanos o se vayan a realizar negociaciones laborales de relevancia dentro de la empresa.

Entre los factores que se tienen en cuenta a la hora de determinar el clima laboral en una empresa se consideran los siguientes:

- Liderazgo: condiciones personales con las que cuentan los directivos de la empresa para vincularse con el conjunto de los trabajadores y motivarlos en la consecución de un objetivo común.

- Nivel salarial: tanto respecto a su cuantía absoluta como en relación con la media del sector y puntualidad en el pago del mismo.

- Horarios: adecuación del horario respecto a su compatibilidad con la vida personal, y con la racionalidad de los mismos.

- Valoración del trabajo: apreciación por parte de la empresa de la labor desarrollada por los trabajadores, de modo que sientan valorados sus esfuerzos en beneficio de la empresa.

- Organización interna de la empresa: en tanto en cuanto esto contribuya a facilitar el trabajo de los empleados o lo dificulte.

- Medio físico: instalaciones físicas en que el trabajador desempeña sus funciones, entre ellas la temperatura, humedad, iluminación, equipamiento informático, maquinaria, inmuebles, etc.

- Condiciones laborales: entre cuyos factores se encuentran la estabilidad en el empleo, las posibilidades de promoción profesional, las prestaciones sociales adicionales a las exigidas por la legislación aplicable o la formación que se ofrezca internamente.

- Independencia: nivel de autonomía con el que cuentan los trabajadores para llevar a cabo sus actividades laborales.

El liderazgo y la delegación de funciones

En una empresa es necesario que exista un líder, bien sea una persona o un grupo de ellas, que señale la orientación que hay que seguir y las decisiones que han de adoptarse en la empresa, teniendo presente siempre la perspectiva del largo plazo y de los objetivos que desean alcanzarse con el negocio. Por otra parte, el crecimiento de una empresa supone siempre la necesidad de delegar funciones en otros trabajadores de la misma, proceso que debe realizarse de forma adecuada y que, en muchas ocasiones, el empresario renuncia a llevar a cabo, con lo que la gestión de la empresa atravesará por dificultades.

Características del líder

Entre las principales características que un líder debe reunir cabe destacar las siguientes:

- Capacidad para convencer con su argumentación, no en base a la posición jerárquica que ocupa en la empresa. El líder debe transmitir credibilidad entre las personas que lo rodean. Para ello necesita conocimiento profesional y con un trato empático también con quienes negocian con sus colaboradores.

- Honestidad, una forma de actuar basada en principios moralmente adecuados.

- Carisma, entendido como capacidad de atraer a sus colaboradores y de ser escuchado cuando expone sus opiniones.

- Capacidad para ejecutar estrategias a largo plazo evitando la gestión empresarial cortoplacista.

- Capacidad de comunicación, ha de contar con la habilidad para transmitir sus ideas y proyectos de modo eficaz y comprensible por sus interlocutores.

- Escucha activa, teniendo presentes las opiniones de los demás miembros de la empresa, analizando sus criterios y asumiéndolos como dignos de ser escuchados, con independencia de que posteriormente se apliquen o no. Y en caso de no ser aplicados, se explicarán las razones de tal opción.

- Hace crecer profesionalmente a sus trabajadores potenciando sus fortalezas y los respeta profundamente en el terreno personal, velando por su dignidad.

- Inteligencia emocional, tiene el control de sus sentimientos y emociones, asumiendo que son propias de todas las personas y que condicionan en gran medida su forma de actuar.

- Aprendizaje, asume la necesidad de formarse para mantenerse actualizado respecto a sus capacidades de gestión empresarial y de conocimientos técnicos sobre la materia que la empresa lleve a cabo.

- Iniciativa para adoptar las medidas necesarias para definir pautas exitosas en aras a la evolución de la empresa, tanto en sentido expansivo como determinando las áreas que deben ser descartadas para mejorar las expectativas empresariales.

- Capacidad para trabajar en equipo, delegando sus competencias de gestión en las personas en las que confía, generando así una mayor agilidad y capacidad organizativa en la empresa.

Liderazgo y trabajo en equipo

Delegar supone encargar a otra persona la realización de una serie de tareas; no obstante, la responsabilidad respecto de la delegación de actividades se mantiene en el órgano o persona que efectúa la delegación, que, a su vez, definirá el volumen de las funciones que delegará de entre aquellas que ejercita y de las que es titular.

Una delegación de competencias tiene como puntos fuertes el incremento de la eficiencia de la empresa, aumentando la motivación del personal, elevando las habilidades del equipo, así como la optimización del trabajo dentro de un grupo.

Imagen 3.13. El líder ha de tener la capacidad de fomentar el trabajo en equipo en su empresa.

Una delegación correcta reúne las siguientes características:

- Realizar un adecuado reparto de las tareas entre los trabajadores, en función de las capacidades técnicas y características personales de cada uno.

- No incluirá las tareas gerenciales que por su naturaleza le corresponden desempeñar de forma personal al titular de la misma.

- Asume un equilibrio entre la libertad de desarrollo de las acciones por parte del trabajador o equipo que ha recibido la delegación y el necesario control que ejercer por parte del titular de la competencia.

- Define con nitidez tanto los detalles concretos de las tareas que son delegadas como las fechas en que han de desarrollarse las mismas. La claridad en las instrucciones supondrá una disminución de las solicitudes de información que se dirijan a la persona u órgano que haya llevado a cabo la delegación, manteniendo una comunicación frecuente con los trabajadores delegados.

- Establece una línea de comunicación fluida entre el órgano delegante y los órganos que sean competentes por razón de su trabajo.

Un equipo de trabajo se caracteriza, fundamentalmente, por lo siguiente:

- Habitualmente, está comprometido en lograr un objetivo común.

- Existe una comunicación fluida entre los diversos integrantes del mismo.

- Responde en conjunto de las actuaciones que lleva a cabo.

- Los miembros del mismo complementan mutuamente sus debilidades y refuerzan sus puntos fuertes.

- Las prioridades de gestión se dirigen hacia el conjunto y no hacia las individualidades.

Respecto a las fases que implica el establecimiento de un equipo de trabajo, se diferencian estas:

- Planificar: supone definir la actuación a realizar, determinar el tipo de equipo que emplear, analizar la viabilidad del trabajo y la conveniencia de crear un equipo de trabajo.

- Implantar: elegir los integrantes del equipo, seleccionar al responsable del mismo, analizar la tarea que desarrollar, así como los objetivos comunes para los mismos y determinar metas concretas y fechas que cumplir.

- Control: realizar un seguimiento con determinada frecuencia, analizando los resultados que se logran, solucionando los problemas que puedan plantearse y reconociendo las metas que se van alcanzando progresivamente.

Test

1. ¿La redacción del plan de negocio es previa a la definición de la idea inicial de empresa?

   a. No.

   b. Sí.

   c. No es preciso definir la idea inicial de empresa.

2. ¿Cómo se denomina la comunicación que se lleva a cabo entre los distintos niveles de la organización, así como entre integrantes de las distintas áreas de la misma?

   a. Ascendente.

   b. Descendente.

   c. Transversal.

3. ¿Qué nombre reciben las motivaciones más elevadas en el modelo de Maslow?

   a. Sociales.

   b. Autorrealización.

   c. Estima.

4. En el análisis DAFO, ¿las fortalezas y las debilidades son variables internas a la empresa?

   a. Sí.

   b. No.

   c. Solo las fortalezas.

5. De acuerdo con Herzberg, ¿con qué factores se encuentra relacionada la motivación para desempeñar las actividades laborales?

   a. Básicos y superiores.

   b. Formales e informales.

   c. Higiénicos y motivacionales.

6. El hecho de que el producto que vendemos se encuentre de moda y las ventas se incrementen para todos los fabricantes del mismo es una:

a. Fortaleza.

b. Debilidad.

c. Oportunidad.

7. El hecho de que en una actividad productiva el coste medio de producción de un bien disminuya a medida que crece el número de unidades producidas se conoce como:

a. Economía de acceso.

b. Economía de escala.

c. Economía de densidad.

8. La necesidad de contar con un prestigio previo para lograr la confianza del público, ¿puede considerarse una barrera de acceso al mercado?

a. Sí.

b. No.

c. No, solo existen barreras legales.

9. ¿En qué elementos se divide el capital social de una Sociedad Anónima?

a. En acciones.

b. En bonos.

c. En participaciones de capital.

10. El nivel de la cifra de negocio de una empresa en la cual no se obtienen pérdidas ni ganancias se conoce como:

a. Umbral de rentabilidad.

b. Punto de equilibrio.

c. Las respuestas a y b son correctas.

Actividades prácticas

1. Identifica las posibles barreras de entrada y salida que puedan existir en la idea de negocio que te planteas llevar a cabo.

2. Realiza un análisis DAFO de la idea de negocio que te plantearías poner en práctica.

3. Efectúa un análisis PEST aplicable a la idea de negocio que te gustaría llegar a establecer.

4. Trámites para el establecimiento de un negocio

4. TRÁMITES PARA EL ESTABLECIMIENTO DE UN NEGOCIO (5 horas)

El emprendedor deberá tener presente el conjunto de normas que regula cada una de las formas jurídicas que puede adoptar para la realización de sus actividades y así seleccionar la que más convenga a sus circunstancias personales.

4.1. TRÁMITES DE CONSTITUCIÓN DE LAS PRINCIPALES FORMAS JURÍDICAS

Teniendo en cuenta que se dedicará una serie de epígrafes específicos al trabajo autónomo, se destacan a continuación las principales formas jurídicas que puede elegir el emprendedor para iniciar sus actividades:

Cada modalidad de forma jurídica por la que puede optar el emprendedor implica distintos trámites de constitución, con una mayor o menor complejidad y en ocasiones especialmente laboriosos, como es el caso de las empresas de economía social. En el otro extremo, el profesional autónomo representa el modelo más sencillo de constitución. Si bien habitualmente este grado de complejidad no es un criterio decisivo para optar por una u otra forma jurídica, debe tenerse en cuenta el conjunto de trámites de constitución requerido como uno de los aspectos que considerar a la hora de determinar la estructura jurídica que mejor puede adaptarse a las necesidades concretas del emprendedor en cuestión.

Existe una serie de trámites comunes a todo tipo de forma jurídica, y son los siguientes:

• Agencia Estatal de Administración Tributaria:

— Obtención del Número de Identificación Fiscal (NIF) de personas jurídicas y entidades. En el supuesto de que no sea solicitado, la AEAT podrá actuar de oficio e inscribirles en el Censo de Obligados Tributarios y asignarles el NIF.

El NIF asignado a las personas jurídicas y entidades por la AEAT no variará con independencia de los cambios que experimenten, excepto que se modifique su forma jurídica o nacionalidad.

El NIF asignado se podrá acreditar por su titular mediante la exhibición de la tarjeta acreditativa que expide para su constancia la Administración Tributaria y cuya autenticidad se puede verificar en la página web de la AEAT.

— Obtención del NIF de personas físicas: en general, el NIF de las personas físicas de nacionalidad española coincidirá con el número de su DNI seguido por el código de verificación y para los que carezcan de nacionalidad española será el Número de Identidad de Extranjero (NIE). El Ministerio del Interior es el órgano competente para su asignación.

Los obligados tributarios habrán de incluir su NIF en todas las autoliquidaciones, declaraciones, comunicaciones o escritos que presenten ante la Administración Tributaria.

— Alta en el Impuesto de Actividades Económicas, el cual es un tributo de carácter local, que grava el ejercicio de actividades empresariales, profesionales o artísticas, se ejerzan o no en un local. Habrán de presentarse tantas altas como diversas actividades se vayan a ejercer. Se encuentran exentos del pago de este tributo las personas físicas, así como las sociedades civiles y sociedades mercantiles que tengan un importe neto de la cifra de negocios inferior a 1 000 000 de euros, los sujetos pasivos que inicien el ejercicio de su actividad en territorio español durante los dos primeros periodos impositivos de este impuesto en que se desarrolle aquella y los contribuyentes por el Impuesto sobre la Renta de No Residentes que operen en España mediante establecimiento permanente siempre que tengan un importe neto de la cifra de negocios inferior a 1 000 000 de euros.

— Alta en el Impuesto sobre el Valor Añadido: debe tenerse en cuenta que así como el NIF es necesario para cualquier persona física o jurídica que lleve a cabo relaciones jurídicas de naturaleza tributaria, el NIF-IVA solo es preciso para desarrollar ciertas operaciones intracomunitarias.

El NIF-IVA se asignará, con algunas excepciones, a las siguientes personas o entidades:

  – Los empresarios o profesionales establecidos o no en el territorio de aplicación del IVA español que realicen entregas de bienes o adquisiciones intracomunitarias de bienes sujetas al impuesto, incluso si los bienes objeto de dichas adquisiciones intracomunitarias se utilizan en la realización de actividades empresariales o profesionales en el extranjero.

  – Los empresarios o profesionales que sean destinatarios de los servicios prestados por empresarios o profesionales no establecidos en el territorio peninsular español e Islas Baleares, respecto de los cuales sean sujetos pasivos del IVA (inversión del sujeto pasivo).

– Los empresarios o profesionales que presten servicios, que por aplicación de las reglas de localización de los mismos se entiendan prestados en otro Estado miembro distinto de España, cuando el sujeto pasivo sea el destinatario de los mismos.

– Las personas jurídicas que no actúen como empresarios o profesionales, cuando realicen adquisiciones intracomunitarias de bienes sujetas al IVA.

En función de la actividad que la empresa desarrolle, en lugar del Régimen General del IVA, corresponderá la inscripción en algún Régimen Especial como son los casos de «recargo de equivalencia», «bienes usados, objetos de arte, antigüedades y objetos de colección», «agencias de viajes» o «servicios prestados por vía electrónica»

Libros contables relativos al Impuesto sobre el Valor Añadido: los empresarios y profesionales, sujetos pasivos del IVA, deberán llevar, con carácter general, los siguientes libros registros:

– Libro registro de facturas expedidas

– Libro registro de facturas recibidas

– Libro registro de bienes de inversión

– Libro registro de determinadas operaciones intracomunitarias

Los libros o registros, incluidos los de carácter informático que, en cumplimiento de sus obligaciones fiscales o contables deban llevar los sujetos pasivos, pueden ser utilizados a efectos del IVA, siempre que se ajusten a los requisitos establecidos.

— Alta como retenedores:

– El modelo 111 de autoliquidación de retenciones e ingresos a cuenta del Impuesto sobre la Renta de las Personas Físicas sobre rendimientos del trabajo y de actividades económicas, premios y determinadas ganancias patrimoniales e imputaciones de renta, deberá ser empleado por los retenedores y obligados a ingresar a cuenta, por razón de las rentas a que el mismo se refiere.

– El modelo 115 deberá ser presentado con el ingreso del importe correspondiente, por los retenedores y obligados a ingresar a cuenta que satisfagan las rentas o rendimientos sometidos a retención o ingreso a cuenta procedentes del arrendamiento o subarrendamiento de inmuebles urbanos, con determinadas excepciones.

- Tesorería General de la Seguridad Social:

  — Inscripción del empresario a la Seguridad Social: la inscripción es el acto administrativo mediante el que la Tesorería General de la Seguridad Social asigna al empresario un número para su identificación y control de sus obligaciones en el respectivo Régimen del Sistema de la Seguridad Social. Dicho número es considerado como primero y principal Código de Cuenta de Cotización.

  Al Código de Cuenta de Cotización Principal se vincularán todos aquellos otros que puedan asignársele a un empresario. El empresario habrá de solicitar un Código de Cuenta de Cotización en

  TESORERÍA GENERAL DE LA SEGURIDAD SOCIAL

  Imagen 4.1. El empresario debe realizar diversos trámites ante la Tesorería General de la Seguridad Social.

  cada una de las provincias donde desarrolle su actividad económica, así como en ciertos casos en que sea preciso identificar colectivos de trabajadores con peculiaridades de cotización.

  — Afiliación e inscripción de los trabajadores a la Seguridad Social: los empresarios estarán obligados a solicitar la afiliación al sistema de la Seguridad Social de los trabajadores que ingresen a su servicio (en el supuesto de que no lo estuviesen con anterioridad), así como a comunicar dicho ingreso y, en su caso, el cese en la empresa de tales trabajadores para que sean dados, respectivamente, de alta y de baja en el Régimen General. En el caso de que el empresario incumpla las obligaciones que le impone el apartado anterior, el trabajador podrá instar su afiliación, alta o baja, directamente al organismo competente de la Administración de la Seguridad Social. El reconocimiento del derecho al alta y a la baja en el Régimen General corresponderá al organismo de la Administración de la Seguridad Social que reglamentariamente se establezca.

  — Obtención del calendario laboral, que debe exhibirse en las instalaciones de la empresa, siempre que existan trabajadores contratados, igualmente puede obtenerse en la sede electrónica de la Seguridad Social.

- Consejería de Empleo de la comunidad autónoma: en el caso de que se contraten trabajadores, habrá de comunicarse a este órgano la apertura del centro de trabajo (cualquier área, edificada o no, en la que los trabajadores tengan que permanecer o a la que deban acceder por razón de su trabajo), para que se pueda proceder al control del centro de trabajo. Constituida la sociedad o decidida por el empresario la iniciación de su actividad, se deberá proceder a la comunicación de apertura del centro de trabajo, a efectos del control de las condiciones de seguridad y salud laboral.

- Servicio Público de Empleo Estatal: el empresario debe dar de alta los contratos de trabajo de sus empleados.

- Ayuntamiento:

  — Licencia de Actividades e instalaciones: para comenzar el inicio del ejercicio de una actividad en un local (comercial, nave industrial, vivienda propia, oficina, cantera, etc.) es preciso obtener una licencia urbanística competencia del ayuntamiento en que el local esté ubicado.

  — Licencia de funcionamiento: asegura el cumplimiento de la normativa relativa a materias tales como medio ambiente, urbanismo y seguridad en los locales en que va a ser ejercida la actividad. Deben obtener esta licencia toda instalación para la que haya sido concedida licencia de actividades, instalaciones y obras y, con requisitos especiales, las que sean consideradas como molestas, insalubres, nocivas y peligrosas o entren en el ámbito de aplicación de determinadas normas sectoriales, tanto estatales como autonómicas.

- Inspección de Trabajo: la Autoridad Central de la Inspección de Trabajo y Seguridad Social pondrá a disposición de las empresas, de oficio y sin necesidad de solicitud de alta, un Libro de Visitas electrónico por cada uno de sus centros de trabajo, en el que los funcionarios actuantes, con ocasión de cada visita a los centros de trabajo o comprobación por comparecencia del sujeto inspeccionado en dependencias públicas que realicen, extenderán diligencia sobre tal actuación, modificación incluida por la Ley 14/2013, de 27 de septiembre, de apoyo a los emprendedores y su internacionalización.

- Agencia Estatal de Protección de Datos: si la empresa va a utilizar datos de carácter personal en el desarrollo de su actividad económica, el mismo se convierte en responsable de los ficheros a los que los mismos se encuentren incorporados, deberá inscribir dichos registros en el Registro General de Protección de Datos.

- Oficina Española de Patentes y Marcas: se debe acudir a este organismo si se desea obtener protección legal de una marca o un nombre comercial. Si desea tener protección jurídica de su marca o nombre comercial, es necesario registrarla en la Oficina Española de Patentes y Marcas.

- Obtención de un certificado electrónico: tiene como misión validar y certificar que una firma electrónica se corresponde con una persona o entidad concreta, se obtiene ante la correspondiente autoridad de certificación.

- Registro Mercantil Central:

Inscripción: las sociedades y el empresario individual naviero han de inscribirse en el Registro Mercantil, dicha inscripción es un acto voluntario para el resto de empresarios individuales.

En el caso de empresario individual, en la hoja abierta a cada empresario individual se inscribirán:

— La identificación del empresario y su empresa, que necesariamente será la inscripción primera.

— Los poderes generales, así como su modificación, revocación y sustitución. No será obligatoria la inscripción de los poderes generales para pleitos o de los concedidos para la realización de actos concretos.

— La apertura, cierre y demás actos y circunstancias relativos a las sucursales.

— Las declaraciones judiciales que modifiquen la capacidad del empresario individual.

— El nombramiento para suplir, por causa de incapacidad o incompatibilidad, a quien ostente la guarda o representación legal del empresario individual, si su mención no figurase en la inscripción primera del mismo.

— Las capitulaciones matrimoniales, el consentimiento, la oposición y revocación a que se refieren el Código de Comercio y las resoluciones judiciales dictadas en causa de divorcio, separación o nulidad matrimonial, o procedimientos de incapacitación del empresario individual, cuando no se hubiesen hecho constar en la inscripción primera del mismo.

— Las resoluciones judiciales inscribibles relativas al concurso, voluntario o necesario, principal o acumulado, del empresario individual.

— En general, los actos o contratos que modifiquen el contenido de los asientos practicados o cuya inscripción prevea las normas aplicables.

En el caso de las sociedades, habrá de inscribirse de forma obligatoria en la hoja abierta a cada sociedad:

— La constitución de la sociedad, que necesariamente será la inscripción primera.

— La modificación del contrato y de los estatutos sociales, así como los aumentos y las reducciones del capital.

— La prórroga del plazo de duración.

— El nombramiento y cese de administradores liquidadores y auditores. Asimismo habrá de inscribirse el nombramiento y cese de los secretarios y vicesecretarios de los órganos colegiados de administración, aunque no fueran miembros del mismo. La inscripción comprenderá tanto los miembros titulares como, en su caso, los suplentes.

— Los poderes generales y las delegaciones de facultades, así como su modificación, revocación y sustitución. No será obligatoria la inscripción de los poderes generales para pleitos o de los concedidos para la realización de actos concretos.

— La apertura, cierre y demás actos y circunstancias relativos a las sucursales.

— La transformación, fusión, escisión, rescisión parcial, disolución y liquidación de la sociedad.

— La designación de la entidad encargada de la llevanza del registro contable en el caso de que los valores se hallen representados por medio de anotaciones en cuenta.

— Las resoluciones judiciales inscribibles relativas al concurso, voluntario o necesario, principal o acumulado, de la sociedad y las medidas administrativas de intervención.

— Las resoluciones judiciales o administrativas así establecidas.

— Los acuerdos de implicación de los trabajadores en una sociedad anónima europea, así como sus modificaciones posteriores.

— El sometimiento a supervisión de una autoridad de vigilancia.

— En general, los actos o contratos que modifiquen el contenido de los asientos practicados o cuya inscripción prevean las normas aplicables.

Certificación negativa del nombre: no podrá autorizarse escritura de constitución de sociedades y demás entidades inscribibles o de modificación de denominación, sin que se presente al notario la certificación que acredite que no figura registrada la denominación elegida. La denominación habrá de coincidir exactamente con la que conste en la certificación negativa expedida por el Registrador Mercantil Central.

Imagen 4.2. El Registro Mercantil Central ha de emitir certificación de denominación social.

La certificación presentada deberá ser la original, estar vigente y haber sido expedida a nombre de un fundador o promotor o, en caso de modificación de la denominación, de la propia sociedad o entidad. La certificación deberá protocolizarse con la escritura matriz.

La certificación negativa tendrá una vigencia de tres meses contados desde la fecha de su expedición por el Registrador Mercantil Central. Caducada la certificación, el interesado podrá solicitar una nueva con la misma denominación. A la solicitud deberá acompañar la certificación caducada.

- Otros organismos públicos: en función de la actividad concreta a la que el empresario se dedique, pueden existir trámites adicionales que sea preciso realizar, entre los que cabe hacer referencia a las licencias en el ámbito sanitario, industrial y medioambiental, entre otros.

4.2. FRANQUICIA

Se entenderá por actividad comercial en régimen de franquicia aquella que se realiza en virtud del contrato por el cual una empresa, el franquiciador, cede a otra, el franquiciado, en un mercado determinado, a cambio de una contraprestación financiera directa, indirecta o ambas, el derecho a la explotación de una franquicia, sobre un negocio o actividad mercantil que el primero venga desarrollando anteriormente con suficiente experiencia y éxito, para comercializar determinados tipos de productos o servicios y que comprende, por lo menos:

- El uso de una denominación o rótulo común u otros derechos de propiedad intelectual o industrial y una presentación uniforme de los locales o medios de transporte objeto del contrato.

- La comunicación por el franquiciador al franquiciado de unos conocimientos técnicos o un saber hacer, que deberá ser propio, sustancial y singular.

- La prestación continua por el franquiciador al franquiciado de una asistencia comercial, técnica o ambas durante la vigencia del acuerdo; todo ello sin perjuicio de las facultades de supervisión que puedan establecerse contractualmente.

Se entenderá por acuerdo de franquicia principal o franquicia maestra aquel por el cual una empresa, el franquiciador, le otorga a la otra, el franquiciado principal, en contraprestación de una compensación financiera directa, indirecta o ambas, el derecho de explotar una franquicia con la finalidad de concluir acuerdos de franquicia con terceros, los franquiciados, conforme al sistema definido por el franquiciador, asumiendo el franquiciado principal el papel de franquiciador en un mercado determinado.

Imagen 4.3. Las cadenas de comida rápida son uno de los sectores más conocidos en el ámbito de la franquicia.

No tendrá necesariamente la consideración de franquicia, el contrato de concesión mercantil o de distribución en exclusiva, por el cual un empresario se compromete a adquirir en determinadas condiciones, productos normalmente de marca, a otro que le otorga una cierta exclusividad en una zona, y a revenderlos también bajo ciertas condiciones, así como a prestar a los compradores de estos productos asistencia una vez realizada la venta.

Tampoco tendrán la consideración de franquicia ninguna de las siguientes relaciones jurídicas:

- La concesión de una licencia de fabricación.

- La cesión de una marca registrada para utilizarla en una determinada zona.

- La transferencia de tecnología.

- La cesión de la utilización de una enseña o rótulo comercial.

Información precontractual al potencial franquiciado

Con una antelación mínima de veinte días hábiles a la firma del contrato o precontrato de franquicia o a la entrega por parte del futuro franquiciado al franquiciador de cualquier pago, el franquiciador o franquiciado principal deberá dar por escrito al potencial franquiciado la siguiente información veraz y no engañosa:

- Datos de identificación del franquiciador: nombre o razón social, domicilio y datos de inscripción en el registro de franquiciadores, así como, cuando se trate de una compañía mercantil, capital social recogido en el último balance, con expresión de si se halla totalmente desembolsado o en qué proporción y datos de inscripción en el Registro Mercantil, cuando proceda.

- Cuando se trate de franquiciadores extranjeros, además, los datos de inscripción en los registros de franquiciadores a que vengan obligados, de acuerdo con las leyes de su país o Estado de origen. De tratarse de franquiciado principal se incluirán, además, las circunstancias anteriores respecto de su propio franquiciador.

- Acreditación de tener concedido para España, y en vigor, el título de propiedad o licencia de uso de la marca y signos distintivos de la entidad franquiciadora, y de los eventuales recursos judiciales interpuestos que puedan afectar a la titularidad o al uso de la marca, si los hubiere, con expresión, en todo caso, de la duración de la licencia.

- Descripción general del sector de actividad objeto del negocio de franquicia, que abarcará los datos más importantes de aquel.

- Experiencia de la empresa franquiciadora, que incluirá, entre otros datos, la fecha de creación de la empresa, las principales etapas de su evolución y el desarrollo de la red franquiciada.

- Contenido y características de la franquicia y de su explotación, que comprenderá una explicación general del sistema del negocio objeto de la franquicia, las características del saber hacer y de la asistencia comercial o técnica permanente que el franquiciador suministrará a sus franquiciados, así como una estimación de las inversiones y gastos necesarios para la puesta en marcha de un negocio tipo. En el caso de que el franquiciador haga entrega al potencial franquiciado individual de previsiones de cifras de ventas o resultados de explotación del negocio, estas deberán estar basadas en experiencias o estudios, que estén suficientemente fundamentados.

- Estructura y extensión de la red en España, que incluirá la forma de organización de la red de franquicia y el número de establecimientos implantados en España, distinguiendo los explotados directamente por el franquiciador de los que operen bajo el régimen de cesión de franquicia, con indicación de la población en que se encuentren ubicados y el número de franquiciados que hayan dejado de pertenecer a la red en España en los dos últimos años, con expresión de si el cese se produjo por expiración del término contractual o por otras causas de extinción.

- Elementos esenciales del acuerdo de franquicia, que recogerá los derechos y obligaciones de las respectivas partes, duración del contrato, condiciones de resolución y, en su caso, de renovación del mismo, contraprestaciones económicas, pactos de exclusivas, y limitaciones a la libre disponibilidad del franquiciado del negocio objeto de franquicia.

Registro de franquiciadores

El registro de franquiciadores se configura como un registro de carácter público y naturaleza administrativa, a los solos efectos de información y publicidad.

Las personas físicas o jurídicas que pretendan desarrollar en España la actividad de cesión de franquicia deberán comunicar sus datos, en el plazo de 3 meses desde el inicio de la actividad, o bien al registro de la comunidad autónoma donde prevean iniciar sus actividades, o cuando la comunidad autónoma no establezca la necesidad de comunicación de datos a la misma, al registro de franquiciadores de la Administración Estatal a efectos informativos.

La comunicación al registro de franquiciadores no condiciona el inicio de la actividad. La falta de comunicación de datos transcurrido el citado plazo conllevará la correspondiente sanción, de conformidad con el régimen sancionador previsto en la Ley 7/1996, de 15 de enero, de Ordenación del Comercio Minorista, y demás legislación aplicable.

Quedan exentos de la obligación de comunicación de datos al registro, los franquiciadores establecidos en otros Estados miembros de la Unión Europea que operen en régimen de libre prestación, sin establecimiento permanente en España. En este caso, la única obligación para el prestador consistirá en comunicar el inicio de sus actividades en España al registro, a través de la comunidad autónoma donde tenga previsto comenzar su prestación. En defecto de registro autonómico, la precitada comunicación de inicio de actividad deberá dirigirse al registro de franquiciadores de la Administración Estatal.

4.3. ENTIDADES SIN ÁNIMO DE LUCRO

Dentro del ámbito de las entidades sin ánimo de lucro deben destacarse las asociaciones. Las mismas permiten a los individuos reconocerse en sus convicciones, perseguir activamente sus ideales, cumplir tareas útiles, encontrar su puesto en la sociedad, hacerse oír, ejercer alguna influencia y provocar cambios.

Al organizarse, los ciudadanos se dotan de medios más eficaces para hacer llegar su opinión sobre los diferentes problemas de la sociedad a quienes toman las decisiones políticas. Fortalecer las estructuras democráticas en la sociedad revierte en el refuerzo de todas las instituciones democráticas y contribuye a la preservación de la diversidad cultural.

Todas las personas tienen derecho a asociarse libremente para la consecución de fines lícitos.

El derecho de asociación comprende la libertad de asociarse o crear asociaciones, sin necesidad de autorización previa.

Nadie puede ser obligado a constituir una asociación, a integrarse en ella o a permanecer en su seno, ni a declarar su pertenencia a una asociación legalmente constituida.

La condición de miembro de una determinada asociación no puede ser, en ningún caso, motivo de favor, de ventaja o de discriminación a ninguna persona por parte de los poderes públicos.

Las asociaciones se constituyen mediante acuerdo de tres o más personas físicas o jurídicas legalmente constituidas, que se comprometen a poner en común conocimientos, medios y actividades para conseguir unas finalidades lícitas, comunes, de interés general o particular, y se dotan de los Estatutos que rigen el funcionamiento de la asociación.

El acuerdo de constitución, que incluirá la aprobación de los Estatutos, habrá de formalizarse mediante acta fundacional, en documento público o privado. Con el otorgamiento del acta adquirirá la asociación su personalidad jurídica y la plena capacidad de obrar, sin perjuicio de la necesidad de su inscripción a los efectos de publicidad.

Régimen de las asociaciones

El régimen de las asociaciones, en lo que se refiere a su constitución e inscripción, se determinará por lo establecido en la Ley Orgánica 1/2002, de 22 de marzo, reguladora del Derecho de Asociación y en las disposiciones reglamentarias que se dicten en su desarrollo.

En cuanto a su régimen interno, las asociaciones habrán de ajustar su funcionamiento a lo establecido en sus propios Estatutos, siempre que no estén en contradicción con las normas de la citada Ley Orgánica y con las disposiciones reglamentarias que se dicten para la aplicación de la misma.

La Asamblea General es el órgano supremo de gobierno de la asociación, integrado por los asociados, que adopta sus acuerdos por el principio mayoritario o de democracia interna y deberá reunirse, al menos, una vez al año.

Existirá un órgano de representación que gestione y represente los intereses de la asociación, de acuerdo con las disposiciones y directivas de la Asamblea General. Solo podrán formar parte del órgano de representación los asociados.

Para ser miembro de los órganos de representación de una asociación, sin perjuicio de lo que establezcan sus respectivos Estatutos, serán requisitos indispensables: ser mayor de edad, estar en pleno uso de los derechos civiles y no estar incurso en los motivos de incompatibilidad establecidos en la legislación vigente.

En el caso de que los miembros de los órganos de representación puedan recibir retribuciones en función del cargo, deberán constar en los Estatutos y en las cuentas anuales aprobadas en asamblea.

Régimen interno

Si los Estatutos no lo disponen de otro modo, el régimen interno de las asociaciones será el siguiente:

- Las facultades del órgano de representación se extenderán, con carácter general, a todos los actos propios de las finalidades de la asociación, siempre que no requieran, conforme a los Estatutos, autorización expresa de la Asamblea General.

- Sin perjuicio de la reunión anual a que se hizo referencia, la Asamblea General se convocará por el órgano de representación, con carácter extraordinario, cuando lo solicite un número de asociados no inferior al 10 por 100.

- La Asamblea General se constituirá válidamente, previa convocatoria efectuada quince días antes de la reunión, cuando concurran a ella, presentes o representados, un tercio de los asociados, y su presidente y su secretario serán designados al inicio de la reunión.

- Los acuerdos de la Asamblea General se adoptarán por mayoría simple de las personas presentes o representadas, cuando los votos afirmativos superen a los negativos. No obstante, requerirán mayoría cualificada de las personas presentes o representadas, que resultará cuando los votos afirmativos superen la mitad, los acuerdos relativos a disolución de la asociación, modificación de los Estatutos, disposición o enajenación de bienes y remuneración de los miembros del órgano de representación.

Régimen de actividades

Las asociaciones deberán realizar las actividades necesarias para el cumplimiento de sus fines, si bien habrán de atenerse a la legislación específica que regule tales actividades.

Los beneficios obtenidos por las asociaciones, derivados del ejercicio de actividades económicas, incluidas las prestaciones de servicios, deberán destinarse, exclusivamente, al cumplimiento de sus fines, sin que quepa en ningún caso su reparto entre los asociados ni entre sus cónyuges o personas que convivan con aquellos con análoga relación de afectividad, ni entre sus parientes, ni su cesión gratuita a personas físicas o jurídicas con interés lucrativo.

4.4. EL TRABAJO AUTÓNOMO: VENTAJAS E INCONVENIENTES

Desde el punto de vista económico y social no puede decirse que la figura del trabajador autónomo actual coincida con la de hace algunas décadas. A lo largo del siglo pasado el trabajo era, por definición, el dependiente y asalariado, ajeno a los frutos y a los riesgos de cualquier actividad emprendedora. Desde esa perspectiva, el autoempleo o trabajo autónomo tenía un carácter circunscrito, en muchas ocasiones, a actividades de escasa rentabilidad, de reducida dimensión y que no precisaban de una fuerte inversión financiera, como, por ejemplo, la agricultura, la artesanía o el pequeño comercio. En la actualidad la situación es diferente, pues el trabajo autónomo prolifera en países de elevado nivel de renta, en actividades de alto valor añadido, como consecuencia de los nuevos desarrollos organizativos y la difusión de la informática y las telecomunicaciones, y constituye una libre elección para muchas personas que valoran su autodeterminación y su capacidad para no depender de nadie.

Imagen 4.4. El trabajo autónomo cada vez es más frecuente en nuestra sociedad.

Esta circunstancia ha dado lugar a que en los últimos años sean cada vez más importantes y numerosas en el tráfico jurídico y en la realidad social, junto a la figura de lo que podríamos denominar autónomo clásico, otras figuras tan heterogéneas, como los emprendedores, personas que se encuentran en una fase inicial y de despegue de una actividad económica o profesional, los autónomos económicamente dependientes, los socios trabajadores de cooperativas y sociedades laborales o los administradores de sociedades mercantiles que poseen el control efectivo de las mismas.

Estamos en presencia de un amplio colectivo que realiza un trabajo profesional arriesgando sus propios recursos económicos y aportando su trabajo personal, y que en su mayoría lo hace sin la ayuda de ningún asalariado. Se trata, en definitiva, de un colectivo que demanda un nivel de protección social semejante al que tienen los trabajadores por cuenta ajena.

4.5. PUESTA EN MARCHA DEL TRABAJO AUTÓNOMO: TRÁMITES DE CONSTITUCIÓN Y PUESTA EN MARCHA

Los trámites que hay que realizar para iniciar la actividad de un trabajador autónomo son los siguientes:

• Agencia Estatal de Administración Tributaria: las personas que vayan a realizar actividades u operaciones empresariales o profesionales o abonen rendimientos sujetos a retención deben solicitar, con anterioridad a su comienzo, su inscripción en el Censo de Empresarios, Profesionales y Retenedores, a través de los modelos 036 o 037. Este censo forma parte del Censo de Obligados Tributarios, en el mismo se indicará la opción que elige de tributación en el IRPF, régimen del IVA, local en que va a desarrollar su actividad, así como la fecha en que iniciará sus actividades.

• Tesorería General de la Seguridad Social:

Inscripción del empresario: corresponde la afiliación en el Régimen Especial de Trabajadores Autónomos (RETA), el régimen que regula la cotización a la Seguridad Social de los trabajadores autónomos.

Por lo que respecta a la figura del emprendedor de responsabilidad limitada, los trámites son similares a los del profesional autónomo, con los matices siguientes, relativos a dar la debida publicidad frente a terceros de dicha limitación de responsabilidad:

El emprendedor debe acudir a una notaría para manifestar de modo formal su voluntad de adquirir la condición de emprendedor de responsabilidad limitada. En el acta, adicionalmente, habrá de figurar:

• La actividad empresarial o profesional que se va a ejercer, con su código (CNAE).

- La identificación de cuál sea su vivienda habitual, que va a quedar excluida, por tanto, de la responsabilidad, con la limitación de que su valor no supere los 300 000 euros (450 000 en poblaciones de más de un millón de habitantes).

  El notario hará los trámites oportunos de modo que quede inscrito como emprendedor de responsabilidad limitada en el Registro Mercantil y en la inscripción de la vivienda en el Registro de la Propiedad.

- La condición de emprendedor de responsabilidad limitada se adquirirá mediante su constancia en la hoja abierta al mismo en el Registro Mercantil correspondiente a su domicilio. Además de las circunstancias ordinarias, la inscripción contendrá una indicación del activo no afecto conforme a los apartados 1 y 2 del artículo 8 de la Ley 14/2013, de 27 de septiembre, de apoyo a los emprendedores y su internacionalización y se practicará en la forma y con los requisitos previstos para la inscripción del empresario individual. Será título para inmatricular al emprendedor de responsabilidad limitada el acta notarial que se presentará obligatoriamente por el notario de manera telemática en el mismo día o siguiente hábil al de su autorización en el Registro Mercantil o la instancia suscrita con la firma electrónica reconocida del empresario y remitida telemáticamente a dicho registro.

- El emprendedor inscrito deberá hacer constar en toda su documentación, con expresión de los datos registrales, su condición de Emprendedor de Responsabilidad Limitada o mediante la adición a su nombre, apellidos y datos de identificación fiscal de las siglas «ERL».

- Salvo que los acreedores prestaren su consentimiento expresamente, subsistirá la responsabilidad universal del deudor por las deudas contraídas con anterioridad a su inmatriculación en el Registro Mercantil como emprendedor individual de responsabilidad limitada.

- El Colegio de Registradores, bajo la supervisión del Ministerio de Justicia mantendrá un portal público de libre acceso en que se divulgarán sin coste para el usuario los datos relativos a los emprendedores de responsabilidad limitada inmatriculados.

4.6. NORMATIVA LEGAL QUE LO REGULA EN LOS ÁMBITOS ESTATAL Y AUTONÓMICO

La Ley 20/2007, de 11 de julio, del Estatuto del trabajo autónomo, será de aplicación a las personas físicas que realicen de forma habitual, personal, directa, por cuenta propia y fuera del ámbito de dirección y organización de otra persona, una actividad económica o profesional a título lucrativo, den o no ocupación a trabajadores por cuenta ajena. Esta actividad autónoma o por cuenta propia podrá realizarse a tiempo completo o a tiempo parcial.

LEGISLACIÓN CONSOLIDADA

Ley 20/2007, de 11 de julio, del Estatuto del trabajo autónomo.

Jefatura del Estado
«BOE» núm. 166, de 12 de julio de 2007
Referencia: BOE-A-2007-13409

Imagen 4.5. La Ley del Estatuto del trabajo autónomo es la principal norma que regula esta forma de desarrollar la actividad productiva.

Fuentes del régimen profesional

El régimen profesional del trabajador autónomo se regirá por:

- Las disposiciones contempladas en el Estatuto del trabajador autónomo, en lo que no se opongan a las legislaciones específicas aplicables a su actividad, así como al resto de las normas legales y reglamentarias complementarias que sean de aplicación.

- La normativa común relativa a la contratación civil, mercantil o administrativa reguladora de la correspondiente relación jurídica del trabajador autónomo.

- Los pactos establecidos individualmente mediante contrato entre el trabajador autónomo y el cliente para el que desarrolle su actividad profesional. Se entenderán nulas y sin efectos las cláusulas establecidas en el contrato individual contrarias a las disposiciones legales de derecho necesario.

- Los usos y costumbres locales y profesionales.

Los acuerdos de interés profesional serán, asimismo, fuente del régimen profesional de los trabajadores autónomos económicamente dependientes.

Toda cláusula del contrato individual de un trabajador autónomo económicamente dependiente afiliado a un sindicato o asociado a una organización de autónomos, será nula cuando contravenga lo dispuesto en un acuerdo de interés profesional firmado por dicho sindicato o asociación que le sea de aplicación a dicho trabajador por haber prestado su consentimiento.

El trabajo realizado por cuenta propia no estará sometido a la legislación laboral, excepto en aquellos aspectos que por precepto legal se disponga expresamente.

Derechos profesionales

Los trabajadores autónomos tienen derecho al ejercicio de los derechos fundamentales y libertades públicas reconocidos en la Constitución española y en los tratados y acuerdos internacionales ratificados por España sobre la materia.

El trabajador autónomo tiene los siguientes derechos básicos individuales, con el contenido y alcance que para cada uno de ellos disponga su normativa específica:

- Derecho al trabajo y a la libre elección de profesión u oficio.

- Libertad de iniciativa económica y derecho a la libre competencia.

- Derecho de propiedad intelectual sobre sus obras o prestaciones protegidas.

En el ejercicio de su actividad profesional, los trabajadores autónomos tienen los siguientes derechos individuales:

- A la igualdad ante la ley y a no ser discriminados, directa o indirectamente, por razón de nacimiento, origen racial o étnico, sexo, estado civil, religión, convicciones, discapacidad, edad, orientación sexual, uso de alguna de las lenguas oficiales dentro de España o cualquier otra condición o circunstancia personal o social.

- A no ser discriminados por razones de discapacidad, de conformidad con lo establecido en el texto refundido de la Ley General de derechos de las personas con discapacidad y de su inclusión social.

- Al respeto de su intimidad y a la consideración debida a su dignidad, así como a una adecuada protección frente al acoso sexual y al acoso por razón de sexo o por cualquier otra circunstancia o condición personal o social.

- A la formación y readaptación profesionales.

- A su integridad física y a una protección adecuada de su seguridad y salud en el trabajo.

- A la percepción puntual de la contraprestación económica convenida por el ejercicio profesional de su actividad.

- A la conciliación de su actividad profesional con la vida personal y familiar, con el derecho a suspender su actividad en las situaciones de maternidad, paternidad, riesgo durante el embarazo, riesgo durante la lactancia y adopción o acogimiento, tanto preadoptivo como permanente o simple, de conformidad con el Código Civil o las leyes civiles de las comunidades autónomas que lo regulen, siempre que su duración no sea inferior a un año, aunque estos sean provisionales, en los términos previstos en la legislación de la Seguridad Social.

- A la asistencia y prestaciones sociales suficientes ante situaciones de necesidad, de conformidad con la legislación de la Seguridad Social, incluido el derecho a la protección en las situaciones de maternidad, paternidad, riesgo durante el embarazo, riesgo durante la lactancia y adopción o acogimiento, tanto preadoptivo como permanente o simple, de conformidad con el Código Civil o las leyes civiles de las comunidades autónomas que lo regulen, siempre que su duración no sea inferior a un año, aunque estos sean provisionales.

- Al ejercicio individual de las acciones derivadas de su actividad profesional.

- A la tutela judicial efectiva de sus derechos profesionales, así como al acceso a los medios extrajudiciales de solución de conflictos.

- Cualesquiera otros que se deriven de los contratos por ellos celebrados.

Deberes profesionales básicos

Son deberes profesionales básicos de los trabajadores autónomos los siguientes:

- Cumplir con las obligaciones derivadas de los contratos por ellos celebrados, a tenor de los mismos, y con las consecuencias que, según su naturaleza, sean conformes a la buena fe, a los usos y a la ley.

- Cumplir con las obligaciones en materia de seguridad y salud laborales que la ley o los contratos que tengan suscritos les impongan, así como seguir las normas de carácter colectivo derivadas del lugar de prestación de servicios.

- Afiliarse, comunicar las altas y bajas y cotizar al régimen de la Seguridad Social en los términos previstos en la legislación correspondiente.

- Cumplir con las obligaciones fiscales y tributarias establecidas legalmente.

- Cumplir con cualesquiera otras obligaciones derivadas de la legislación aplicable.

- Cumplir con las normas deontológicas aplicables a la profesión.

Derecho a la no discriminación y garantía de los derechos fundamentales y libertades públicas

Los poderes públicos deben garantizar la efectividad de los derechos fundamentales y libertades públicas del trabajador autónomo.

Los poderes públicos y quienes contraten la actividad profesional de los trabajadores autónomos quedan sometidos a la prohibición de discriminación, tanto directa como indirecta, de dichos trabajadores. La prohibición de discriminación afectará tanto a la libre iniciativa económica y a la contratación como a las condiciones del ejercicio profesional.

Cualquier trabajador autónomo, las asociaciones que lo representen o los sindicatos que consideren lesionados sus derechos fundamentales o la concurrencia de un tratamiento discriminatorio podrán recabar la tutela del derecho ante el orden jurisdiccional competente por razón de la materia, mediante un procedimiento sumario y preferente. Si el órgano judicial estimara probada la vulneración del derecho denunciado, declarará la nulidad radical y el cese inmediato de la conducta y, cuando proceda, la reposición de la situación al momento anterior a producirse, así como la reparación de las consecuencias derivadas del acto.

Las cláusulas contractuales que vulneren el derecho a la no discriminación o cualquier derecho fundamental serán nulas y se tendrán por no puestas.

En relación con el derecho a la igualdad y no discriminación por razón de sexo se estará a lo previsto en la Ley Orgánica 3/2007, de 22 de marzo, para la igualdad efectiva de mujeres y hombres.

Forma y duración del contrato

Los contratos que concierten los trabajadores autónomos de ejecución de su actividad profesional podrán celebrarse por escrito o de palabra. Cada una de las partes podrá exigir de la otra, en cualquier momento, la formalización del contrato por escrito.

El contrato podrá celebrarse para la ejecución de una obra o serie de ellas, o para la prestación de uno o más servicios y tendrá la duración que las partes acuerden.

Prevención de riesgos laborales

Las Administraciones públicas competentes asumirán un papel activo en relación con la prevención de riesgos laborales de los trabajadores autónomos, por medio de actividades de promoción de la prevención, asesoramiento técnico, vigilancia y control del cumplimiento por los trabajadores autónomos de la normativa de prevención de riesgos laborales.

Las Administraciones públicas competentes promoverán una formación en prevención específica y adaptada a las peculiaridades de los trabajadores autónomos.

Cuando en un mismo centro de trabajo desarrollen actividades trabajadores autónomos y trabajadores de otra u otras empresas, así como cuando los trabajadores autónomos ejecuten su actividad profesional en los locales o centros de trabajo de las empresas para las que presten servicios, serán de aplicación para todos ellos los deberes de cooperación, información e instrucción previstos en la Ley de Prevención de Riesgos Laborales.

Imagen 4.6. Los trabajadores autónomos deben cumplir las previsiones contenidas en la Ley de Prevención de Riesgos Laborales relativas a su actividad.

Las empresas que contraten con trabajadores autónomos la realización de obras o servicios correspondientes a la propia actividad de aquellas, y que se desarrollen en sus propios centros de trabajo, deberán vigilar el cumplimiento de la normativa de prevención de riesgos laborales por estos trabajadores.

Cuando los trabajadores autónomos deban operar con maquinaria, equipos, productos, materias o útiles proporcionados por la empresa para la que ejecutan su actividad profesional, pero no realicen esa actividad en el centro de trabajo de tal empresa, esta deberá proporcionar a los autónomos, y estos recabar de aquellos, la información necesaria para que la utilización y manipulación de la maquinaria, equipos, productos, materias primas y útiles de trabajo se produzca sin riesgos para la seguridad y la salud de los trabajadores, así como para que los empresarios puedan cumplir con sus obligaciones de información respecto de los trabajadores.

El trabajador autónomo tendrá derecho a interrumpir su actividad y abandonar el lugar de trabajo cuando considere que dicha actividad entraña un riesgo grave e inminente para su vida o salud.

Protección de menores

Los menores de dieciséis años no podrán ejecutar trabajo autónomo ni actividad profesional, ni siquiera para sus familiares.

Garantías económicas

Los trabajadores autónomos tienen derecho a la percepción de la contraprestación económica por la ejecución del contrato en el tiempo y la forma convenidos y de conformidad con lo previsto en la Ley 3/2004, que establece medidas de lucha contra la morosidad en las operaciones comerciales.

Cuando el trabajador autónomo ejecute su actividad profesional para un contratista o subcontratista, tendrá acción contra el empresario principal, hasta el importe de la deuda que este adeude a aquel al tiempo de la reclamación, salvo que se trate de construcciones, reparaciones o servicios contratados en el seno del hogar familiar.

En materia de garantía del cobro de los créditos por el trabajo personal del trabajador autónomo se estará a lo dispuesto en la normativa civil y mercantil sobre privilegios y preferencias, así como en la Ley 22/2003, de 9 de julio, Concursal, quedando en todo caso los trabajadores autónomos económicamente dependientes sujetos a la situación de privilegio general recogida en el artículo 91.3 de dicha ley.

El trabajador autónomo responderá de sus obligaciones con todos sus bienes presentes y futuros, sin perjuicio de la inembargabilidad de los bienes establecida en los artículos 605, 606 y 607 de la Ley de Enjuiciamiento Civil, o de las limitaciones y exoneraciones de responsabilidad previstas legalmente que le sean de aplicación.

A efectos de la satisfacción y cobro de las deudas de naturaleza tributaria y cualquier tipo de deuda que sea objeto de la gestión recaudatoria en el ámbito del sistema de la Seguridad Social, embargado administrativamente un bien inmueble, si el trabajador autónomo acreditara fehacientemente que se trata de una vivienda que constituye su residencia habitual, la ejecución del embargo quedará condicionada, en primer lugar, a que no resulten conocidos otros bienes del deudor suficientes susceptibles de realización inmediata en el procedimiento ejecutivo, y en segundo lugar, a que entre la notificación de la primera diligencia de embargo y la realización material de la subasta, el concurso o cualquier otro medio administrativo de enajenación medie el plazo mínimo de dos años.

4.6.1. Trabajador autónomo económicamente dependiente

Los trabajadores autónomos económicamente dependientes (TRADE) son aquellos que realizan una actividad económica o profesional a título lucrativo y de forma habitual, personal, directa y predominante para una persona física o jurídica, denominada cliente, del que dependen económicamente por percibir de él, al menos, el 75 por ciento de sus ingresos por rendimientos de trabajo y de actividades económicas o profesionales.

Para el desempeño de la actividad económica o profesional como trabajador autónomo económicamente dependiente, este deberá reunir simultáneamente las siguientes condiciones:

- No tener a su cargo trabajadores por cuenta ajena ni contratar o subcontratar parte o toda la actividad con terceros, tanto respecto de la actividad contratada con el cliente del que depende económicamente como de las actividades que pudiera contratar con otros clientes.

- No ejecutar su actividad de manera indiferenciada con los trabajadores que presten servicios bajo cualquier modalidad de contratación laboral por cuenta del cliente.

- Disponer de infraestructura productiva y material propios, necesarios para el ejercicio de la actividad e independientes de los de su cliente, cuando en dicha actividad sean relevantes económicamente.

- Desarrollar su actividad con criterios organizativos propios, sin perjuicio de las indicaciones técnicas que pudiese recibir de su cliente.

- Percibir una contraprestación económica en función del resultado de su actividad, de acuerdo con lo pactado con el cliente y asumiendo riesgo y ventura de aquella.

Los titulares de establecimientos o locales comerciales e industriales y de oficinas y despachos abiertos al público y los profesionales que ejerzan su profesión conjuntamente con otros en régimen societario o bajo cualquier otra forma jurídica admitida en derecho no tendrán en ningún caso la consideración de trabajadores autónomos económicamente dependientes.

Reconocimiento de la condición de trabajador autónomo económicamente dependiente

El trabajador autónomo que reúna las condiciones establecidas previamente podrá solicitar a su cliente la formalización de un contrato de trabajador autónomo económicamente dependiente a través de una comunicación fehaciente. En el caso de que el cliente se niegue a la formalización del contrato o cuando transcurrido un mes desde la comunicación no se haya formalizado dicho contrato, el trabajador autónomo podrá solicitar el reconocimiento de la condición de trabajador autónomo económicamente dependiente ante los órganos jurisdiccionales del orden social.

Contrato

El contrato para la realización de la actividad profesional del trabajador autónomo económicamente dependiente celebrado entre este y su cliente se formalizará siempre por escrito y deberá ser registrado en la oficina pública correspondiente. Dicho registro no tendrá carácter público.

El trabajador autónomo deberá hacer constar expresamente en el contrato su condición de dependiente económicamente respecto del cliente que lo contrate, así como las variaciones que se produjeran al respecto. La condición de dependiente solo se podrá ostentar respecto de un único cliente.

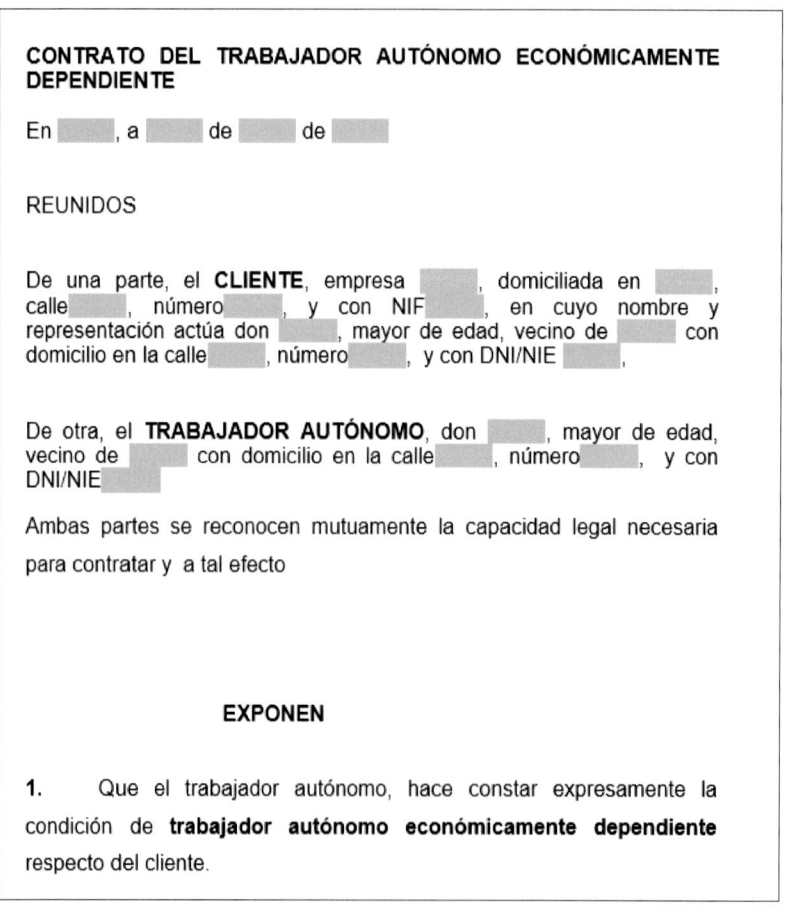

Imagen 4.7. El contrato para la realización de la actividad profesional entre un TRADE y su cliente se formalizará por escrito.

En el supuesto de un trabajador autónomo que contratase con varios clientes su actividad profesional o la prestación de sus servicios, cuando se produjera una circunstancia sobrevenida del trabajador autónomo, cuya consecuencia derivara en el cumplimiento de las condiciones establecidas para ser considerado TRADE, se respetará íntegramente el contrato firmado entre ambas partes hasta la extinción del mismo, salvo que estas acordasen modificarlo para actualizarlo a las nuevas condiciones que corresponden a un trabajador autónomo económicamente dependiente.

Cuando el contrato no se formalice por escrito o no se hubiera fijado una duración o un servicio determinado, se presumirá, salvo prueba en contrario, que el contrato ha sido pactado por tiempo indefinido.

Acuerdos de interés profesional

Los acuerdos de interés profesional concertados entre las asociaciones o sindicatos que representen a los trabajadores autónomos económicamente dependientes y las empresas para las que ejecuten su actividad podrán establecer las condiciones de modo, tiempo y lugar de ejecución de dicha actividad, así como otras condiciones generales de contratación. En todo caso, los acuerdos de interés profesional observarán los límites y condiciones establecidos en la legislación de defensa de la competencia.

Los acuerdos de interés profesional deberán concertarse por escrito.

Se entenderán nulas y sin efectos las cláusulas de los acuerdos de interés profesional contrarias a disposiciones legales de derecho necesario.

Los acuerdos de interés profesional se pactarán al amparo de las disposiciones del Código Civil. La eficacia personal de dichos acuerdos se limitará a las partes firmantes y, en su caso, a los afiliados a las asociaciones de autónomos o sindicatos firmantes que hayan prestado expresamente su consentimiento para ello.

Jornada de la actividad profesional

El trabajador autónomo económicamente dependiente tendrá derecho a una interrupción de su actividad anual de 18 días hábiles, sin perjuicio de que dicho régimen pueda ser mejorado mediante contrato entre las partes o mediante acuerdos de interés profesional.

Mediante contrato individual o acuerdo de interés profesional se determinará el régimen de descanso semanal y el correspondiente a los festivos, la cuantía máxima de la jornada de actividad y, en el caso de que la misma se compute por mes o año, su distribución semanal.

La realización de actividad por tiempo superior al pactado contractualmente será voluntaria en todo caso, no pudiendo exceder del incremento máximo establecido mediante acuerdo de interés profesional. En ausencia de acuerdo de interés profesional, el incremento no podrá exceder del 30 por ciento del tiempo ordinario de actividad individualmente acordado.

El horario de actividad procurará adaptarse a los efectos de poder conciliar la vida personal, familiar y profesional del trabajador autónomo económicamente dependiente.

La trabajadora autónoma económicamente dependiente que sea víctima de la violencia de género tendrá derecho a la adaptación del horario de actividad con el objeto de hacer efectiva su protección o su derecho a la asistencia social integral.

Extinción contractual

La relación contractual entre las partes se extinguirá por alguna de las siguientes circunstancias:

- Mutuo acuerdo de las partes.
- Causas válidamente consignadas en el contrato, salvo que las mismas constituyan abuso de derecho manifiesto.
- Muerte y jubilación o invalidez incompatibles con la actividad profesional, conforme a la correspondiente legislación de Seguridad Social.
- Desistimiento del trabajador autónomo económicamente dependiente, debiendo en tal caso mediar el preaviso estipulado o conforme a los usos y costumbres.
- Voluntad del trabajador autónomo económicamente dependiente, fundada en un incumplimiento contractual grave de la contraparte.
- Voluntad del cliente por causa justificada, debiendo mediar el preaviso estipulado o conforme a los usos y costumbres.
- Por decisión de la trabajadora autónoma económicamente dependiente que se vea obligada a extinguir la relación contractual como consecuencia de ser víctima de violencia de género.
- Cualquier otra causa legalmente establecida.

Cuando la resolución contractual se produzca por la voluntad de una de las partes fundada en un incumplimiento contractual de la otra, quien resuelva el contrato tendrá derecho a percibir la correspondiente indemnización por los daños y perjuicios ocasionados.

Cuando la resolución del contrato se produzca por voluntad del cliente sin causa justificada, el trabajador autónomo económicamente dependiente tendrá derecho a percibir la indemnización prevista en el apartado anterior.

Si la resolución se produce por desistimiento del trabajador autónomo económicamente dependiente, el cliente podrá ser indemnizado cuando dicho desistimiento le ocasione un perjuicio importante que paralice o perturbe el normal desarrollo de su actividad.

Cuando la parte que tenga derecho a la indemnización sea el trabajador autónomo económicamente dependiente, la cuantía de la indemnización será la fijada en el contrato individual o en el acuerdo de interés profesional que resulte de aplicación. En los casos en que no estén regulados, a los efectos de determinar su cuantía se tomarán en consideración, entre otros factores, el tiempo restante previsto de duración del contrato, la gravedad del incumplimiento del cliente, las inversiones y gastos anticipados por el trabajador autónomo económicamente dependiente vinculados a la ejecución de la actividad profesional contratada y el plazo de preaviso otorgado por el cliente sobre la fecha de extinción del contrato.

Interrupciones justificadas de la actividad profesional

Se considerarán causas debidamente justificadas de interrupción de la actividad por parte del trabajador económicamente dependiente las fundadas en:

- Mutuo acuerdo de las partes.
- La necesidad de atender responsabilidades familiares urgentes, sobrevenidas e imprevisibles.
- El riesgo grave e inminente para la vida o salud del trabajador autónomo.
- Incapacidad temporal, maternidad, paternidad, adopción o acogimiento.
- Riesgo durante el embarazo y riesgo durante la lactancia natural de un menor de 9 meses.
- La situación de violencia de género, para que la trabajadora autónoma económicamente dependiente haga efectiva su protección o su derecho a la asistencia social integral.
- Fuerza mayor.

Mediante contrato o acuerdo de interés profesional podrán fijarse otras causas de interrupción justificada de la actividad profesional.

Competencia jurisdiccional

Los órganos jurisdiccionales del orden social serán los competentes para conocer las pretensiones derivadas del contrato celebrado entre un trabajador autónomo económicamente dependiente y su cliente, así como para las solicitudes de reconocimiento de la condición de trabajador autónomo económicamente dependiente.

Test

1. La principal norma que regula el trabajo autónomo es la:

   a. Ley 30/2007.

   b. Ley 20/2007.

   c. Ley 20/2017.

2. ¿Tendrá la consideración de franquicia la cesión de una marca registrada para utilizarla en una determinada zona?

   a. Sí.

   b. Sí, cuando se exige un pago por tal cesión.

   c. No.

3. ¿Un trabajador autónomo económicamente dependiente podrá tener a su cargo trabajadores por cuenta ajena?

   a. Sí.

   b. No.

   c. Un máximo de uno.

4. El derecho de asociación, que comprende la libertad de asociarse o crear asociaciones, ¿requiere de autorización previa?

   a. Sí.

   b. Depende de la voluntad de los asociados.

   c. No.

5. ¿El trabajador autónomo económicamente dependiente tendrá derecho a una interrupción de su actividad anual?

   a. Sí.

   b. No.

   c. A partir del cuarto año de actividad.

6. ¿Cómo se denomina el órgano supremo de gobierno de la asociación?

a. Asamblea General.

b. Junta de Socios.

c. Junta General de Gobierno.

7. ¿Los autónomos tienen derecho a una protección adecuada de su seguridad y salud en el trabajo?

a. No.

b. En caso de que desarrollen una actividad especialmente peligrosa.

c. Sí.

8. ¿A qué se limita la responsabilidad patrimonial de los socios en una sociedad unipersonal?

a. Al capital desembolsado en la sociedad.

b. Al patrimonio personal de los socios.

c. Al patrimonio personal de los socios, excluyendo los bienes gananciales.

9. ¿Cuál es uno de los principales inconvenientes del trabajo como autónomo?

a. La autoorganización del trabajo.

b. La responsabilidad patrimonial.

c. La posibilidad de desarrollo profesional.

10. ¿Los contratos que concierten los trabajadores autónomos de ejecución de su actividad profesional podrán celebrarse por escrito o de palabra?

a. Sí.

b. Solo por escrito.

c. Solo de palabra.

Actividades prácticas

1. Teniendo en cuenta las diversas formas jurídicas que has estudiado en este tema, determina la que emplearías para establecer tu empresa. ¿Por qué la has seleccionado?

2. Busca información acerca de las especialidades que tiene la legislación sobre prevención de riesgos laborales en relación con las obligaciones que corresponden a los trabajadores autónomos.

3. Los trabajadores autónomos pueden integrarse en asociaciones en defensa de sus intereses. Busca asociaciones que integren a autónomos de tu zona de residencia o del sector económico en que deseas desarrollar tu actividad.

5. Introducción a la Responsabilidad Social Empresarial

5. INTRODUCCIÓN A LA RESPONSABILIDAD SOCIAL EMPRESARIAL (4 horas)

Una herramienta que aparece con fuerza en el mundo empresarial es la denominada Responsabilidad Social Corporativa (RSC), dado que las compañías han encontrado en ella un medio muy eficaz para mostrar su compromiso con la sociedad y, de paso, rentabilizar la buena imagen que este tipo de actuaciones conlleva para los clientes internos y externos. Por eso, entre los objetivos de una empresa no ha de encontrarse exclusivamente la obtención de beneficios económicos, sino, además, el desarrollo de acciones que respondan a las preocupaciones presentes en la sociedad como la educación, la cultura y la protección del medio ambiente.

Adicionalmente, ha aparecido el *ethical branding*, metodología que implica a las marcas en la RSC de la empresa, mediante su asociación a una serie de valores y criterios que recuerdan los compromisos formales de la empresa en materias como el respeto a los derechos laborales de los trabajadores o el impacto medioambiental de su actividad. A través de esta creación de marcas responsables, la empresa pretende transmitir a diversos colectivos (consumidores, clientes, accionistas, trabajadores, proveedores, etc.) su implicación social y los esfuerzos que hace por reducir el impacto negativo de su actividad productiva desde el punto de vista ético.

5.1. GENERALIDADES SOBRE LA RESPONSABILIDAD SOCIAL EMPRESARIAL

Puede definirse la Responsabilidad Social Empresarial, como el compromiso consciente y responsable de respetar de forma global con el objetivo de la empresa, en los ámbitos interno y externo, tomando en consideración las previsiones económicas, sociales y ambientales de la totalidad de sus participantes, manifestando respeto por las personas, los valores éticos, la comunidad y el medio ambiente, contribuyendo así a la construcción del bien común.

La Responsabilidad Social Empresarial (RSE) ha adquirido la condición de un novedoso modo de gestionar empresas y de realizar negocios, en el cual la empresa tiene el objetivo de que sus operaciones resulten sustentables en los aspectos económicos, sociales y medioambientales, teniendo presentes los intereses de los diferentes colectivos con los que se encuentra en contacto y buscando la conservación del medio ambiente y la adecuada sostenibilidad de la vida de las generaciones venideras.

Se trata de una perspectiva de la actividad empresarial que incorpora el respeto por los individuos, los aspectos éticos, el conjunto de la sociedad y la naturaleza con la gestión de los negocios, sin tener en cuenta los productos o servicios que la misma oferta, del sector en el que se integra, de su volumen de negocio o de su nacionalidad.

De este modo se da por sentado que la Responsabilidad Social Empresarial no es un elemento externo o incorporado a la función inicial y primaria de la organización empresarial. Por contra, supone cumplir con la misma manteniendo la creencia de que ese hecho afectará de un modo positivo o negativo, de un modo directo o indirecto, desde una perspectiva interna o externa, a colectivos y equipos relacionados con sus actividades. Se trata de la posibilidad de enfrentarse a dichos desafíos persiguiendo incrementar la influencia positiva y reducir la negativa, consiguiendo mejores resultados al responder a las mencionadas expectativas.

La Responsabilidad Social Empresarial ha de basarse en los valores manifestados por la empresa y ha de reflejarse en una serie integral de políticas, prácticas y programas que se manifiestan en la actividad cotidiana para que resulte institucionalizada. En otra situación, existiría una alta probabilidad de establecer prácticas que, aunque resulten socialmente responsables, dado que no derivan de una instrucción y un convencimiento por parte de la empresa, tengan la posibilidad de ser suspendidas ante cualquier circunstancia inesperada, problema presupuestario o relevo en la gestión de la compañía. Un factor clave es que la Responsabilidad Social Empresarial ha de ser sostenida e impulsada por la dirección de la empresa.

La visión integral de la Responsabilidad Social Empresarial

La visión integral de la Responsabilidad Social Empresarial supone el estudio y la definición del alcance que la empresa logrará en relación con las diversas necesidades, aspiraciones y valores que integran la forma de comportarse de los individuos y de las empresas con las que se relaciona. De este modo, sus niveles de responsabilidad pueden clasificarse así:

- **Ámbito económico interior**, su responsabilidad va dirigida a la producción, así como a la distribución del valor añadido entre los colaboradores y los titulares del capital de la empresa, teniendo presente no únicamente las condiciones propias del mercado, sino adicionalmente criterios relativos tanto a la equidad como a la justicia. Existe la expectativa de que la empresa produzca beneficios y desarrolle sus actividades en un largo periodo de tiempo.

- **Ámbito económico exterior**, supone la producción y distribución de bienes y servicios prácticos y válidos para la sociedad, además de su aportación a la misma a través del pago de los correspondientes tributos. Adicionalmente, la empresa ha de participar de manera activa en la definición de la política económica de su ámbito territorial a través de las correspondientes asociaciones profesionales.

- **Ámbito social interno**, hace referencia a la responsabilidad compartida y subsidiaria de los accionistas, gestores y proveedores para alcanzar una mejora de la calidad de vida en el trabajo y el desarrollo integral y pleno del conjunto de personas vinculadas con la empresa.

- **Ámbito sociocultural y político exterior**, se encamina hacia la puesta en práctica de actuaciones y aportaciones, tanto de la empresa como del sector, elegidas para aportar tiempo y recursos (humanos y materiales) a la producción de situaciones que faciliten el desarrollo del espíritu de empresa y el avance integral de las sociedades y, derivado de ello, a un ámbito de mercado que resulte positivo para la expansión de la empresa.

- **Ámbito ecológico interno**, se vincula con la responsabilidad absoluta respecto a las consecuencias ambientales de sus procesos productivos y, derivado de ello, la prevención, y por ello la solución, de los perjuicios generados o que se puedan generar.

- **Ámbito ecológico externo**, dirigido a la puesta en práctica de actividades concretas para colaborar a la conservación y mejora de la situación del medio ambiente común para las generaciones presentes y futuras.

El análisis de cada uno de los ámbitos implica la determinación de las posibilidades de acción concretas para que cada empresa realice actuaciones en función con su propio entorno, asuma el desarrollo de proyectos integrales tanto en el ámbito individual como de forma participativa con otras empresas y/o sectores de actividad que persigan objetivos similares.

5.2. QUÉ ES Y QUÉ NO ES LA RESPONSABILIDAD SOCIAL EMPRESARIAL

La Responsabilidad Social Empresarial y las actuaciones vinculadas a la misma han de tener el carácter de voluntarias y contar con un ámbito más extenso que las obligaciones establecidas por la normativa aplicable, aunque siempre respetando los preceptos legales. En otras palabras, la Responsabilidad Social Empresarial requiere el acatamiento de los valores universalmente aceptados y de la normativa vigente en el ámbito territorial en que actúe la empresa.

De esa forma, adicionalmente, la empresa puede impulsar el desarrollo de su entorno al incrementar los beneficios económicos, sociales y ambientales derivados de sus actividades fundamentales; efectuar inversiones de carácter social y tomar parte en el debate de políticas públicas en diversos ámbitos territoriales, entre otras muchas acciones.

Ejemplos de Responsabilidad Social Empresarial:

- Fabricar con un impacto lo más reducido posible sobre el medio ambiente, utilizando materiales ecológicos, reciclados o recuperables y con el mínimo consumo energético.

- Utilizar ingredientes que son cultivados utilizando procedimientos ecológicos en la zona donde se encuentra la planta productora y emplear energía solar en la totalidad del proceso productivo.

- Evitar el uso de plaguicidas que puedan dañar el medio ambiente.

- Emplear en la totalidad del proceso de producción energía solar.

- Patrocinar actividades deportivas para la comunidad en que se encuentra la empresa.

- Impulsar la comercialización de productos de artesanos locales.

- Destinar un porcentaje de los ingresos previamente determinado a actuaciones sociales.

- Otorgar becas o ayudas de estudio.

La Responsabilidad Social Empresarial no ha de equipararse con actuaciones de tipo filantrópico, ético o medioambiental de forma exclusiva, ni con otra actuación adicional a la misión de la empresa. Su puesta en práctica supone actividades de medición e informe de sus impactos y su vinculación con la actuación de la empresa, por lo que requiere de la empresa presentación de cuentas y transparencia en su actuación.

Test

1. La Responsabilidad Social Empresarial es:
   a. Una decisión voluntaria de la empresa.
   b. Una obligación reglamentaria.
   c. Una obligación legal.

2. ¿Pagar el Impuesto sobre Sociedades es una muestra de Responsabilidad Social Empresarial?
   a. Sí.
   b. Depende del tipo aplicado.
   c. No.

3. ¿El ámbito económico interior supone la producción y distribución de bienes y servicios prácticos y válidos para la sociedad?
   a. Sí.
   b. Solo referido a bienes.
   c. No.

4. Cuando no es obligatorio de forma legal, ¿emplear energía limpia es un ejemplo de RSE?
   a. Sí.
   b. Solo si es energía solar.
   c. No.

5. ¿Es posible desarrollar una política de RSE en una empresa sin el compromiso de la dirección de la misma?
   a. Sí.
   b. Sí, de hecho no debe ser aprobada por la dirección.
   c. No.

Actividades prácticas

1. Busca ejemplos de actuaciones vinculadas con Responsabilidad Social Empresarial de empresas de tu entorno geográfico.

2. Imagina que eres gerente de una empresa de mediano tamaño que comercializa y distribuye frutas y verduras. Propón diversas actividades de Responsabilidad Social Empresarial que dicha empresa puede desarrollar.